基礎知識から保育・学校・福祉場面への応用まで

応用行動分析学(ABA)テキストブック

野呂文行 —— 監修

永冨大舗・朝岡寛史 —— 編著

学苑社

監修のことば

　本書は、応用行動分析学を初めて学ぶ人たちのために書かれた本です。読者の皆さんを、応用行動分析学の世界にスムーズに導くこと、そしてそこで学んだ知識を実践に生かしていただけるように記述を工夫させていただいております。

　学校の先生や福祉施設などで支援の現場にいるような、すでに実践現場で仕事をされている方々は、本書を読みながら、行動分析学の考え方を通じて、これまでに、指導・支援をしてきた児童生徒や対象者のことを思い浮かべてみてください。あるいはご自身が指導・支援をしたときの様子について考えてみてください。今まで理解が難しかった対象者の行動の意味が分かったり、指導・支援がなぜうまくいったのか、あるいはなぜうまくいかなかったのかを理解するのに役立つと思います。

　大学の授業で本書を教科書としていて手に取った学生さんの中には、指導や支援を経験したことがない方もいると思います。そのような方は、ご自身の行動について行動分析学の考え方を通じて、整理してみてください。例えば、自分がうまく振る舞えなかった経験について、行動分析学の枠組みを通じて、どのように対処すればよかったのかについて具体的に考えてみてください。そうすることで、行動分析学の考え方に関する理解が深まると思います。

　応用行動分析学に基づく指導・支援が成功するためには、知識だけでは十分ではありません。その考え方に即した技術も必要となります。例えば、「強化」という概念が理解できていることと、指導・支援の中で「強化」手続きが使用可能であるかどうかは、少し違います。もしさらに技術的な進歩を求めるのであれば、行動分析学に基づく指導・支援を行っている仲間を見つけてください。そして、その仲間とともに、それぞれの技術的な課題について確認し、お互いにアドバイスを出し合ってください。自分の指導の課題解決は見通しがつきにくいですが、他人の指導の課題についてはいろいろと気がつくものです。

　本書の執筆者は、いずれも筑波大学大学院で応用行動分析学を学び、現在も指導・支援の現場に関わりをもっています。本書の中で取り上げられている事例などは、いずれも執筆者の実践経験に基づいて書かれています。そのために、応用行動分析学の実践の場でのリアルな生かし方も分かるのではないかと思います。最後になりますが、本書が皆さんの応用行動分析学の理解とその活用に寄与できることを願っております。

監修者　野呂文行

目　次

監修のことば……………………………………………………野呂文行　i

第1部　応用行動分析学の基礎

第1章　応用行動分析学とは………………………………永冨大舗　2

　1　事例と解説　2

　2　応用行動分析学とは　4

第2章　先行事象………………………………………………髙橋甲介　12

　1　オペラント行動と先行事象　12

　2　レスポンデント行動と先行事象　16

第3章　結果事象①：強化…………………………………朝岡寛史　22

　1　好子出現による行動の強化　22

　2　嫌子消失による行動の強化　29

第4章　結果事象②：弱化と消去…………………………永冨大舗　35

　1　事例と解説　35

　2　弱化と消去　38

第5章　行動の機能…………………………………………永冨大舗　52

　1　事例と解説　52

　2　行動の機能と4つの種類　55

第6章　分化強化 ……………………………………… 永冨大舗　65

1　事例と解説　65

2　分化強化とは　68

第7章　刺激性制御 ……………………………………… 丹治敬之　79

1　事例と解説①　79

2　事例と解説②　83

3　弁別と般化　87

第8章　プロンプト ……………………………………… 髙橋甲介　93

1　事例と解説①　93

2　プロンプトを撤去する様々な技法　101

3　事例と解説②　106

第9章　課題分析 ……………………………………… 朝岡寛史　111

1　課題分析とは　111

2　チェイニング　119

3　全課題提示法　123

第10章　シェイピング ……………………………………… 朝岡寛史　126

1　望ましい行動のシェイピング　126

2　問題行動のシェイピング　132

第2部　保育・学校場面への応用

第11章　行動問題の理解と支援 ……………………………… 原口英之　138

1　行動問題の理解　138

2　機能的アセスメント　144

　3　機能的アセスメントに基づく個別的な支援の計画　147

　4　支援の実行と評価・改善　154

第12章　学習面の支援 …………………………………丹治敬之　158

　1　スモールステップでゆっくりとできるようになるアシト君　158

　2　解説　162

第13章　行動面の支援 …………………………………原口英之　169

　1　行動的スキルトレーニング　169

　2　トークンエコノミー　173

　3　行動契約　178

第14章　学級経営への応用 ……………………………岩本佳世　186

　1　通常学級での学級全体への支援と個別支援　186

　2　解説　192

　3　学級内の児童の向社会的行動を増やす支援　193

　4　解説　195

第15章　実践研究 ………………………………………岩本佳世　199

　1　標的行動の設定と観察・記録　200

　2　研究デザイン　207

　3　介入厳密性（介入整合性）、介入手続きの実行度、文脈適合性　212

　4　社会的妥当性　213

おわりに……………………………………………………永冨大舗　219

索引………………………………………………………………221

第1部

応用行動分析学の基礎

第 1 章

応用行動分析学とは

永冨大舗

1 事例と解説

（1）教室の外に出ていくハルト君

　ハルト君は小学校の通常学級に在籍する 3 年生の男子児童です。多動性・衝動性といった行動特性や注意を持続させることが困難といった特徴をもつ、注意欠如・多動症（attention-deficit/hyperactivity disorder: ADHD）の診断があります。幼稚園のときから落ち着きがなく、小学校に入学して以降、授業中に立ち歩いたり友だちに話しかけたりする様子が頻繁に見られます。

　担任の先生はハルト君が ADHD と診断されていること、そして入学前からずっと落ち着きがなく、入学後も変わらないことから、ハルト君の様子は仕方がないことだと考えています。ある日の国語の時間、廊下から他の学級の友だちの笑い声が聞こえてきました。廊下側に座っていたハルト君は気になり、立ち上がって教室の外に出て行ってしまいました。担任の先生は他の子どもが座って授業に取り組んでいるため、授業を続けなければいけません。チャイムが鳴ると、ハルト君は教室に帰ってきました。担任の先生はハルト君に「次は体育だから、体育館に来てね」とだけ伝えました。ハルト君はうれしそうに着替え、体育館に向かって走っていきました。

演習
1 ハルト君はどうして国語の時間、教室の外に出て行ったのか考えましょう。

第 1 章　応用行動分析学とは

演習 2 ハルト君の授業に参加する行動を増やしたり、授業中に立ち歩く行動を減らしたりするためには、どうしたらいいでしょうか。あなたが担任の先生だったらどのようにするか考えましょう。

（2）解説

　翌年のハルト君の担任の先生は、ハルト君が授業に参加する時間を増やすことと立ち歩く回数を減らすことを目標にしました。まずこれまでに関わってきた先生から、ハルト君がどのような授業だと参加しやすいか、逆に、どのような授業だと立ち歩いてしまうのか聞き取りました。すると、発表することや先生や友だちと関わりが多い授業は参加しやすく、教科書を読んだり板書を写したり問題を解いたりするような授業は立ち歩くことが多いことが分かりました。また、保護者から最近のハルト君の様子を聞き、好きなキャラクターについての情報を収集しました。

　連絡帳にはその日に行う授業名が書いてあります。始業式の日、担任の先生はハルト君に授業を最初から最後まで机で受けることができたら、連絡帳のその授業名の横にハルト君の好きなキャラクターのスタンプを押すかシールを貼ることを約束しました。スタンプやシールは数種類あり、どれを貼るかはハルト君が決めることができました。授業では、話し合いの時間や一緒に問題を解いたりする時間を必ず設け、関わり合いの多い授業にしました。またハルト君が教科書を読んだり、板書を写したりする様子が見られたら、すぐに褒めました。授業が終わるごとに、ハルト君はうれしそうに連絡帳を持って、担任の先生のところに来ます。そして、スタンプを押してもらうかシールを貼ってもらい先生や友だちから褒められました。4 年生になってから、ハルト君の授業に参加する時間が増えていき、立ち歩く回数が減ってきました。また今まで以上に笑顔が多く、喜んで学校に行く姿が見られるようになりました。

第1部　応用行動分析学の基礎

演習 3　ハルト君が授業に参加する時間を増やし、立ち歩く回数を減らすために、新しいハルト君の担任の先生が行ったことを書きましょう。

演習 4　なぜハルト君は授業に参加する時間が増え、立ち歩く回数が減ったのでしょうか。考えて書きましょう。

2 応用行動分析学とは

（1）応用行動分析学の基本的な考え方

　本書を通じて、応用行動分析学の基礎や学校現場での応用について学ぶことができます。そのためにおさえておく必要があるいくつかの「原則」があります。最初に、その「原則」について説明をします。

4

1）好子出現による行動の強化を用いて日常生活の問題を解決する

　応用行動分析学（applied behavior analysis の日本語訳であり、頭文字をとって ABA と略されることがあります）の基礎となっている行動分析学（behavior analysis）を創設したのは、スキナー（Burrhus Frederic Skinner: 1904-1990）という心理学者です。**行動分析学は、行動を科学的に研究する心理学の一分野であり、行動がどのように学習され、どのように環境に影響されるかを研究対象としています。そして、行動分析学の原理を日常にある実際の問題解決や行動の改善のために応用する分野が応用行動分析学です。**スキナーは 1990 年に『罰なき社会』という論文を発表しました。ここでいう罰とは、行動を減らそうとする関わりです（第 4 章参照）。例えば、事例のハルト君が席を立ち上がったとき、「授業中に立ち歩いたらいけません」と叱責する関わりをする先生もいるでしょう。この関わりは、ハルト君の授業中に立ち歩く行動を減らそうとする関わりとみることができます。**スキナーはこのような罰を用いることによる問題点や子どもへの影響を示し、「我々だれもが、学校、会社、公共機関、家庭、そして日常生活の全てにおいて、できるだけ多く正の強化（本書では、「好子出現による行動の強化」と表現します）にたよることによって、その解決に近づくことができるのです」と述べています。**好子出現による行動の強化とは、ある行動に後続して、ある刺激が提示されたり、強さが上昇したりすることで、その行動が強められるプロセスです（第 3 章参照）。解説で示された、ハルト君の新しい担任の先生は、授業を最初から最後まで受ける行動に対して、連絡帳に好きなキャラクターのスタンプを押したり、シールを貼ったりしました。また、教科書を読む行動、板書を写す行動に対して褒めていました。このような関わりによって、ハルト君の授業に参加する時間が増え、授業中に立ち歩く回数が減っていったと考えられます。まさしく、好子出現による行動の強化によって解決したといえます。

第1部　応用行動分析学の基礎

演習 5 日常生活にみられる罰によって解決しようとしている事例について書きましょう。またその左側には、罰を用いないで解決しようとするとどのような方法があるか書きましょう。

罰によって解決しようとしている事例	罰を用いない解決策

2) 行動に焦点を当てる

　応用行動分析学は日常生活の問題を解決すると説明しましたが、基本的には個人の行動を対象としています。例えば、読者の皆さんにはだらしない性格を変えたいと考える方もいるかもしれません。**応用行動分析学では性格ではなく、具体的な行動を変えることを目指します。そして、変えようとする個人の行動を具体的に定義し、その行動を変えます。**日曜日に1時間ウォーキングをする行動、毎朝7時に起きる行動、提出期限の3日前にレポートを終える行動など様々な行動が思いつくかもしれません。それぞれの行動が起こりやすいように環境を整えることで行動が生起するようになり、その結果として、「だらしない性格」が変わったと感じるかもしれません。

　行動に焦点を当てるというのは、子どもが望ましくない行動を示したり、望ましい行動が少なかったりすることに対して、「知的障害があるから」「知的能力が低いから」のように診断や障害特性を原因としないということでもあります。解説で示された、ハルト君の新しい担任の先生は、ADHD という障害のもつ多動性・衝動性という障害特性を変えようとしたりしませんでした。障害や特性ではなく、授業に参加する行動が増えるように環境や関わり方を工夫しました。その結果、授業中に立ち歩く行動が減りました。4年生のハルト君の様子を見た先生は、ハルト君が落ち着いたと感じるかもしれません。しかし、新しい担任の先生はハルト君を落ち着かせようとしたのではありません。望ましい行動である、授業に参加する行動を増やしたのです。

　行動に焦点を当てるには、行動を定義する必要があります。行動を定義する際に、気

6

をつけなければいけないことが2点あります。

　1点目に、「○○しない」といった否定形ではなく、「○○する」といった肯定形で定義することです。「○○しない」といった否定形では、行動をしないことを求めていますが、具体的にどのような行動をすればよいのかが不明です。解説で示された、ハルト君の新しい担任の先生も、立ち歩かないようにしたいと思っていたかもしれませんが、授業に参加する行動を増やすことによって、結果として授業中に立ち歩く行動を減らすことができました。

　2点目に、どのように行動をすればよいのか具体的に定義するということです。読者の皆さんには、学校で「高学年らしく行動をしなさい」「もっと勉強をしなさい」「友だちにやさしくしなさい」のような指示をされた経験のある方もいると思います。しかし、高学年らしい、もっとやさしくするといった内容は個々の価値観や基準によって異なり、具体的にどのような行動をすればよいのか分かりにくいです。そのような指示を受けた子どもは、「高学年らしくってどうすればいいのだろう？」などと思うかもしれません。具体的に、職員室に入るときは大きな声で「失礼します」と挨拶をして入る、1日1時間は自主学習をする、昼休みに1人で寂しそうにしている友だちを遊びに誘うといった具体的で、誰が見ても評価が一致するような行動を定義することで、子どもに定義された行動を促すことができます。

　解説で示された、ハルト君の新しい担任の先生も、授業の最初から最後まで机で受ける行動の後に、連絡帳にスタンプを押したりシールを貼ったりしました。具体的に行動を定義することによって、ハルト君は自分に求められている行動が理解でき、担任の先生も行動に応じて正確に連絡帳にスタンプを押したりシールを貼ったりすることができます。

第1部　応用行動分析学の基礎

演習
⑥
皆さんの今よりも増やしたい行動、減らしたい行動を3個ずつ挙げてみましょう。その際、「○○する」といった肯定形であり、誰もが見ても評価が一致するように具体的な行動にしましょう。

今より増やしたい行動	今より減らしたい行動

3）個人と環境との相互作用で考える

　読者の皆さんには、「話すことが好きだから、友だちと話をしている」といった自分の内的な興味・関心のみで行動が生起していると感じるかもしれません。しかし応用行動分析学では、目の前に友だちが存在しているという環境が会話する行動を引き起こし、その行動の後に友だちが笑顔で返事をしてくれたという環境の変化が、友だちと話をする行動を増やしていると考えます。前述したハルト君の例では、教師により連絡帳にスタンプやシールのための空欄が設けられ、授業の最初から最後まで机で受けた後はスタンプやシールによって空欄が埋まるといった約束が示されました。そのような環境によってハルト君の授業に参加する行動が引き起こされ、連絡帳のスタンプ・シールが貼られるといった環境の変化が起きたために、その行動が増えたと考えます。

　このように、応用行動分析学は、**どのような環境が行動の直前にあり、行動の直後にはどのような環境の変化が起きたのかを分析**します。そして、**望ましい行動を増やすためには、どのような環境を行動の前に準備するのか、行動が起きたらどのような環境の変化が起きるようにするのかといった視点**で、子どもの支援を考えていきます。また、**望ましくない行動を減らすために、その行動を引き起こす環境の除去**や、それを引き起

こさないような環境を予防的に整えます。それでも望ましくない行動が起きてしまったときには、その行動を増やないための環境整備をします。例えば、スーパーに行くと必ず玩具を買ってもらいたくて泣いてしまう子どもがいたとします。その場合、事前に「玩具は買わないよ」と約束をすることで行動を引き起こさないように予防をすることができます。それでも、子どもが「玩具、買って」と泣き出してしまったときは、再度約束を確認し、けっして玩具は買わないように対応します。

（2）　友だちをたたくことや大きな声を出すことが増えたサクラさん

　サクラさんは特別支援学校小学部に在籍する 4 年生の女子児童です。知的障害と自閉スペクトラム症（autism spectrum disorder: ASD）の診断がありますが、日常生活に支障がないくらいのはっきりとした言葉を発することができ、先生の話も理解できます。動画が好きで、昼休みは iPad を見て過ごすことが多いです。

　しかし、新年度になり同じクラスにも動画が好きな友だちができました。普段は仲良く過ごしていますが、昼休みになると 1 台しかない iPad の取り合いになり、友だちをたたく行動や大きな声を出す行動が見られるようになりました。先生はたたいてはいけないこと、順番で使用すること、我慢をすることを説明しますが、サクラさんはどうしても我慢ができません。友だちをたたく行動や大きな声を出す行動によって、先生は友だちから iPad を貸してもらい、サクラさんに渡してしまうことがあります。

　担任の先生は、なぜ新年度に入ってから、友だちをたたく行動や大きな声を出す行動が増えたのか分かりません。また、どのように指導をしてよいのか分からず、困っています。

第1部　応用行動分析学の基礎

演習7 サクラさんはどうして新年度になって友だちをたたく行動や大きな声を出す行動が増えたのか考えましょう。

ヒント 環境との相互作用で行動を考え、サクラさんの行動の前後に何が起きているのか考えてみましょう。

演習8 サクラさんの友だちをたたく行動や大きな声を出す行動を減らすためにはどうしたらいいでしょうか。あなたが担任の先生だったらどのようにするか考えましょう。

第1章のまとめ

★行動分析学を創設したスキナー（Skinner, 1904-1990）は、正の強化によって日常生活の問題を解決することができるとした。

★応用行動分析学では変えようとする個人の行動を具体的に定義し、その行動を変える。

★応用行動分析学は環境との相互作用で行動を捉える。

第 1 章　応用行動分析学とは

┌── 専門用語のまとめ ────────────────────────────────

・**行動分析学**（behavior analysis）：行動を科学的に研究する心理学の一分野で、行動がどのように学習され、どのように環境に影響されるかを研究対象としている。

・Burrhus Frederic Skinner（1904-1990）：行動分析学を創設した心理学者。

・**応用行動分析学**（applied behavior analysis）：行動分析学の原理を、日常生活にある実際の問題解決や行動の改善に応用する心理学の分野。ABA と略されることがある。

└──

【演習 7 の回答例】

・友だちに iPad を先に取られて、iPad で遊ぶことができないから

・友だちをたたく行動をすることによって、iPad で遊ぶことができるから

・iPad が 1 つしかないため、遊ぶためには友だちから貸してもらうしかないから

・iPad が早いもの順になっていることが、iPad の取り合いになってしまうから

【演習 8 の回答例】

・iPad を 2 台準備する

・iPad の使用時間を 10 分と決め、10 分経ったら交代するようにルールを決め、ルールが守れたときにサクラさんを褒める

・サクラさんが iPad で遊ぶことができる曜日を決める

・動画以外の新しい遊び道具を準備したり、遊びを教えたりする

・友だちと一緒に動画を見ることを教え、一緒に動画を見ることができたら褒める

第2章

先行事象

髙橋甲介

1 オペラント行動と先行事象

（1）読み書きが苦手なサトシ君

　サトシ君は小学校の通常学級に在籍する2年生の男子児童です。在籍校にある通級による指導を週に1時間利用しています。サトシ君は学習障害の疑いがあり、読み書きがとても苦手です。サトシ君は、通常学級にいるときと通級による指導のときで様子が大きく違います。例えば、通常学級では授業中の離席がとても多いですが、通級による指導での離席はほとんどありません。

　通常学級での授業をよく観察してみると、板書を中心とした授業が行われています。また、授業中にノートやワークシートに「書く作業」がとても多い印象を受けます。サトシ君はこれらの「書く作業」のときによく離席をしていて、離席をすると担任の先生がサトシ君の所に来て着席するよう指示する対応を行います。サトシ君が着席すると、席が近いクラスメートが書く作業を手伝ってくれたり、時間がないときは先生が書く量を減らしてくれたりします。クラスメートの中には離席したとき、サトシ君に対して「迷惑だな」とつぶやく子どももいますが、サトシ君に聞こえている様子はありません。

　通級による指導の授業をよく観察してみると、そこでもワークシートに「書く作業」はあります。しかし、書く作業は正しい選択肢を丸で囲む作業や、短い文章や単語を書くだけで済むような配慮が事前に行われています。通級による指導の先生はサトシ君の近くに常にいて、サトシ君がワークシートの問題に正しく取り組むことができたときにはすぐに丸つけをつけ、どこが特によかったか具体的に褒めてくれます。

演習 1 第 1 章では、応用行動分析学における「原則」として、環境との相互作用で行動を捉えることを学びました。ここではさらに「環境」を 2 つのカテゴリーに区別することを学びます。サトシ君が離席するときに観察されている環境を表にいくつかあげたので、それが離席という行動が起きる前か、離席という行動が起きた後かをまず分類しましょう。

サトシ君の離席という行動の前後にある環境を分類しよう		
通常学級で授業中	…	前 ／ 後
板書を中心とした授業が行われている	…	前 ／ 後
書く作業がたくさんある	…	前 ／ 後
クラスメートが近くに来る	…	前 ／ 後
先生が近くに来る	…	前 ／ 後
クラスメートが書くことを手伝ってくれる	…	前 ／ 後
先生が書く作業を減らしてくれる	…	前 ／ 後
あるクラスメートが「迷惑だな」とつぶやく	…	前 ／ 後

（2）解説

　環境との相互作用で行動を捉える際に、その環境を行動が起きる前の環境か、行動が起きた後の環境かを区別することはとても重要です。ここではサトシ君の離席という行動に着目して考えます。表の「通常学級で授業中」はどうでしょうか。サトシ君が離席をするよりも前に授業は始まっています。従って、この環境は離席という行動が起きる前の環境といえます。「クラスメートが書くのを手伝ってくれる」はどうでしょうか。クラスメートが手伝ってくれるのは、サトシ君が離席をして、先生の指示により着席した後です。従って、この環境は離席という行動が起きた後の環境といえます。これらの例を参考に、他の項目もあらためて考えてみましょう。答えは本章の最後にありますので考えた後に確認してみましょう。応用行動分析学では、このような行動の前後にある環境によって行動が増減する法則性を利用して様々な行動変容を促し、問題解決を行います。行動が起きる前の環境で、その後の行動の増減に関係する環境を「**先行事象（antecedent）**」と呼びます。また、行動が起きた後にある環境で、直前の行動の増減に関係する環境を「**結果事象**」と呼びます。このような行動の生起に関わる前後の環境をまとめると、以下のような図になります。本書でよく出てくる図なので、読み進めるなか

で理解していきましょう。本章では特に「先行事象」について詳しく記述します（「結果事象」については、第3章参照）。

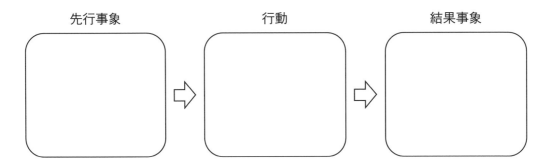

　サトシ君の事例では、通常学級での離席の前には、「板書を中心とした授業が行われている」「書く作業がたくさんある」といった環境がありました。また、通級による指導での着席（離席をしない）の前には、「配慮があり書く作業が少ないワークシート」「先生がそばについている」といった環境がありました。つまり、「板書を中心とした授業が行われている」「書く作業がたくさんある」「配慮があり書く作業が少ないワークシート」「先生が最初からそばにいる」などの環境条件は離席行動の増減に関係しており、離席行動の先行事象といえます。

演習2　皆さんの行動も、同様のことが日常的に起きています。例えば、誰かと話すとき、誰に対しても常に敬語を使うことはありません。敬語を使うという行動について、「起きやすい状況や話し相手」と「起きにくい状況や話し相手」を考えましょう。

敬語を使う行動が起きやすい状況や話し相手

敬語を使う行動が起きにくい状況や話し相手

第2章 先行事象

　演習2を通して、皆さんの行動も先行事象の違いによって変化していることを実感できたと思います。このような行動の前にある環境の条件がどのようなプロセスで先行事象となるのか知るためには、行動の後にある環境の条件である「結果事象」について詳しく学ぶ必要があります。つまり、ある先行事象がその後の行動の増減に影響をもったためには、結果事象での経験が重要なのです。例えば、先生に対して敬語を使うことが多いのは、先生に対して敬語を使ったときに褒められた経験をした、もしくは先生に対して砕けた口調で話しかけた後に叱られた経験をしたからだと考えます。同様に、同級生に対して砕けた口調で話しかけることが多いのは、砕けた口調で話しかけた後に仲良くなれた、もしくは敬語で話しかけた後に「よそよそしい」と言われた経験をしたからだと考えます。このような結果事象での経験によって先行する環境条件（先生であるか・同級生であるか）が先行事象になると考えるのです。このような、結果事象の経験によって増減する行動を、応用行動分析学では「**オペラント行動（operant behavior）**」と呼びます。また、結果事象での経験によってオペラント行動が変容するプロセスを「オペラント条件づけ（operant conditioning）」と呼びます。結果事象やオペラント条件づけの詳細については第3章〜第5章で学びます。

　しかし、私たちが日常生活で行う行動はすべてオペラント行動とはいえません。結果事象での経験の結果ではなく、行動の前にある環境条件によって自動的に「誘発（elicit）」される行動があります。反射をイメージしてもらえると分かりやすいでしょう。例えば、目に強い風が当たったときに瞼を閉じる行動、沸騰したお湯の入った熱いやかんをうっかりさわったときに手を素早く引っ込める行動、急に出てきた人に対して後ろに体を移動させる（心臓がドキドキする）行動があります。これらの行動は先行事象（風が目にあたる・手に熱さを感じる・急に人が出てくる）によって誘発される行動といえます。また、これらの行動は離席や敬語の使用とは異なり、進化の過程で獲得された行動であり、誰にでもみられる先天的な行動と考えられています。大きな音に対してびっくりして体をのけぞらしたりドキドキしたりすることは、国や文化や年齢の違いに関係なく誰にでもみられる行動といえます。しかし、このような先行事象によって誘発される行動も、後天的な経験の結果として生じることがあります。例えば、梅干しを見ると、日本人の多くは、口の中に酸っぱい感覚が生じて唾液が出ることがあるでしょう。しかし、梅干しを食べたことがない人や梅干しを知らない文化の人にとっては、梅干しを見ても何の反応も生じないことが多いのです。これらの事実は、一見生まれながらの反射に思えるような行動も、経験によって後天的に生じる可能性を示しています。

15

第1部　応用行動分析学の基礎

応用行動分析学では、このような先行刺激によって先天的または後天的に引き起こされる行動をオペラント行動と区別して「**レスポンデント行動（respondent behavior）**」と呼びます。また、その学習のプロセスのことを「**レスポンデント条件づけ（respondent conditioning）**」と呼んで、オペラント条件づけと区別しています。

2 レスポンデント行動と先行事象

（1）心臓がドキドキしてしまったミユキさん

　ミユキさんは小学校の特別支援学級に在籍する3年生の女子児童で、ASDの診断があります。知的に大きな遅れがなく、学校の多く時間を交流学級で過ごしています。ミユキさんは真面目な性格で、学校のルールや先生の指示はきちんと守ります。一方で、自分の好きなことや知っていることを話したい気持ちも強く、彼女が知っていることを周囲の友だちたちが話していると、突然話に加わって一方的に話すことがよくありました。ある日の交流学級の休み時間に、ミユキさんが自分の席にいると、後ろのタクマ君とケンジ君が、ミユキさんが知っているゲームの話をしているのが聞こえてきました。ミユキさんは突然2人の会話に加わり、自分が知っているゲームの攻略法や好きなキャラクターについて一方的に話し始めました。2人はしばらく黙ってミユキさんの話を聞いていましたが、タクマ君が突然「うるさい！」とミユキさんに怒鳴りました。ケンジ君も続いて「入ってくるな！」と怒鳴りました。ミユキさんは突然2人に怒鳴られたのでびっくりし、心臓がドキドキして話すことができなくなってしまいました。交流学級で怒鳴られることはミユキさんにとって初めての経験でした。タクマ君とケンジ君は驚き立ちすくんでいるミユキさんを横目に教室の外に出て行きました。その後、タクマ君とケンジ君は先生から注意を受け、ミユキさんに対して謝罪し、それからはミユキさんを怒鳴ることはしませんでした。それにも関わらずミユキさんは、タクマ君とケンジ君が近くにいると、何もされていないのに心臓がドキドキするようになりました。そのため、タクマ君とケンジ君に近づくことや話しかけることができなくなってしまいました。最近は交流学級の他の児童（特に男子児童）に対して、心臓がドキドキするようになり、交流学級でクラスメートに話しかけることが少なくなりました。また、「交流学級に行きたくない」と特別支援学級の先生に訴え、特別支援学級で1日の多くの時間を過ごすようになりました。

第 2 章　先行事象

演習
③
応用行動分析学では環境との相互作用で行動を捉えます。ここでは、ミユキさんの心臓の鼓動が速くなる行動（ドキドキすること。応用行動分析学ではこのようなある器官（心臓）の動きも行動として捉えます）の「前」にある環境にはどのようなものがあるか考えましょう。

（2）解説

　この事例の中で、ミユキさんが初めて心臓の鼓動が速くなった（ドキドキした）場面は、タクマ君とケンジ君のゲームの話に加わり、しばらくして2人に怒鳴られた場面です。つまり、ミユキさんの心臓の鼓動が速くなること（ドキドキすること）の「前」にある環境として、タクマ君やケンジ君に「急に大声で怒鳴られたこと」を挙げることができます。「急に大声で怒鳴られること」により、心臓の鼓動が速くなること（ドキドキすること）は先天的にみられる誘発された行動で、「レスポンデント行動」です。皆さんも、急に近くで大きな音がしたら驚いて心臓の鼓動が速くなることは想像できるでしょう。

　しかし、事例を見ると別の環境条件でもミユキさんの心臓の鼓動は速くなっている様子がみられます。具体的には、タクマ君とケンジ君の「2人が近くにいるとき」にも心臓の鼓動は速くなっています。つまり、ミユキさんの心臓の鼓動が速くなること（ドキドキすること）の「前」にある環境は、「大声で怒鳴られること」のほかに「2人が近くにいること」も挙げることができます。しかし、2人に怒鳴られる前は、ミユキさんは2人に自分から近づき話しかけていることから、心臓の鼓動が速くなってはいない（ドキドキしていない）ことが分かります。つまり、「2人が近くにいること」が、ミユキさんの心臓の鼓動を速める（ドキドキさせる）環境条件になったのは後天的なことで、学習の結果であるといえます。

　それではこの「2人が近くにいること」が、どのようにミユキさんの心臓の鼓動を速めるようになったのでしょうか。

17

（3）レスポンデント条件づけ

　心臓がドキドキするというレスポンデント行動が、ミユキさんの例のように、大きな音や声だけでなく、タクマ君やケンジ君に対しても拡大したのは、「レスポンデント条件づけ」と呼ばれる学習プロセスの結果と考えます。レスポンデント条件づけでは、あるレスポンデント行動を引き起こす刺激の種類が、「対提示」と呼ばれる操作により拡大します。皆さんは、「パブロフの犬」の話を知っているでしょうか。その話を参考に、レスポンデント条件づけのプロセスの説明をしてみましょう。犬の口の中に食べ物を入れると唾液が分泌されるのは先天的な反射行動でありレスポンデント行動です。一方、ベルの音は犬にも聞こえていますが、それに対して先天的に唾液が分泌されることはありません。しかし食べ物が与えられる直前に、飼い主がベルの音を毎回犬に聞かせたらどうなるでしょう。多くの犬はベルの音が聞こえると唾液を分泌するようになります。つまり、以前は唾液の分泌を引き起こさなかったベルの音が、「ベルの音の直後に食べ物が与えられる」という対提示の経験により唾液の分泌を引き起こすようになるのです。このとき、先天的に唾液分泌を誘発する食べ物を「無条件刺激」、対提示される前の唾液分泌を引き起こさないベルの音を「中性刺激」、対提示を経験した後、唾液分泌を引き起こすようになったベルの音を「条件刺激」と呼びます。また、無条件刺激（食べ物）により誘発された唾液分泌を「無条件反応」、条件刺激（対提示経験後のベルの音）により引き起こされた唾液分泌を「条件反応」と呼びます（図2-1）。つまり、レスポンデント条件づけとは、ある無条件反応を誘発（elicit）する無条件刺激と中性刺激の対提示を繰り返すことにより、中性刺激が条件刺激となり、無条件反応と類似した条件反応を引き起こす（evoke）ようになる学習といえます。

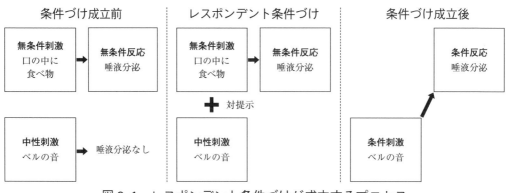

図2-1　レスポンデント条件づけが成立するプロセス

演習4 ミユキさんの事例をレスポンデント条件づけの学習で分析しましょう。無条件刺激と無条件反応は何でしょうか。中性刺激や条件刺激、条件反応は何でしょうか。

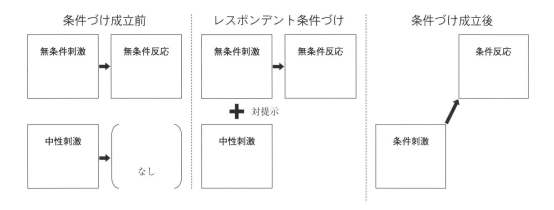

　ミユキさんの事例の場合、無条件刺激は「突然の大きな怒鳴り声」、それに対する無条件反応は心臓の鼓動が速くなること（ドキドキすること）です。中性刺激は「タクマ君とケンジ君（の姿）」です。ミユキさんは、タクマ君とケンジ君に突然大きな声で怒鳴られたことで、「突然の大きな怒鳴り声」（無条件刺激）と「タクマ君とケンジ君（の姿）」（中性刺激）が「対提示」されたことになります。その結果、「タクマ君とケンジ君（の姿）」が条件刺激となり、心臓の鼓動が速くなるという条件反応が生じるようになりました。

（4）レスポンデント条件づけの応用

　ミユキさんの例でみたように、レスポンデント条件づけのしくみは、ある対象への恐怖症など、情動に関連する問題を分析したり解決したりする際に用いられることがあります。ミユキさんの例では、怒鳴った2人の姿に対して心臓の鼓動が速くなる（ドキドキする）様子がみられるようになったことを、怒鳴り声（大きな音）と2人の姿の対提示の結果として分析しています。ミユキさんの例ではさらに、その2人以外の交流学級のクラスメート（特に男子児童）に対しても心臓の鼓動が速くなっている（ドキドキしている）様子がみられています。このように、あるレスポンデント行動がある先行事象でみられるようになった後、その先行事象と類似した他の新しい先行事象に対しても生じることを「般化（generalization）」と呼びます。ミユキさんの例では、怒鳴られた経験をしていないにも関わらず、同じ学年の子どもという類似性から、他のクラスメート

に対しても心臓の鼓動が速くなること（ドキドキすること）が生じるようになっていることが考えられます。このような般化は、レスポンデント行動の先行事象だけでなく、オペラント行動の先行事象においても生じます。例えば、先生に対して敬語を使う行動は、実際に敬語を使うことを褒められた先生だけでなく、他の褒められたことのない先生に対しても般化することが多いです（第7章参照）。

また、以前は問題なく行くことができていた交流学級に行くことを拒否することが増え、1日の多くの時間を特別支援学級で過ごすようになっています。これらの状態は、レスポンデント条件づけおよびその般化のメカニズムで、交流学級や交流学級のクラスメートにより引き起こされる不快な情動が、特別支援学級に居続けること（交流学級に行かないこと）で消失したり安心したりする結果事象での経験により増加したオペラント行動としても分析することができます。

このように、ミユキさんの事例を見ると、いわゆる「恐怖症」と呼ばれる症状と類似していることが分かります。つまり、恐怖症の発生と拡大および維持のメカニズムをレスポンデント条件づけのプロセスで分析できるのです。レスポンデント条件づけによる分析に基づき、情動的な問題を解決する方法としては、様々なものがあります。例えば、恐怖や不安を引き起こす刺激と逆のリラックス状態を引き起こす刺激や動作と対提示を行う「拮抗条件づけ」の原理を応用した「系統的脱感作法」や「現実的脱感作法」などが例としてあげられます。ここでは紙面の都合で詳しく説明できませんが、具体的にどのような方法であるか、各自で調べてみましょう。

第2章のまとめ

★まずは行動に影響している環境を行動の前にあるものか後にあるものか区別する。

★先行事象によって生じる行動には、オペラント行動とレスポンデント行動がある。

★情動に関連する問題の背景には、レスポンデント条件づけのしくみが関連していることがある。

専門用語のまとめ

・**先行事象**（antecedent）：行動が起きる前の環境で、行動の増減に関係する環境のこと。

・**オペラント行動**（operant behavior）：褒められる、怒られるなど、行動の直後の環境条件（結果事象）での経験によって増えたり減ったりする行動。

第 2 章　先行事象

・レスポンデント行動（respondent behavior）：行動の前にある環境（刺激）によって引き起こされる行動。レスポンデント行動は進化の過程で獲得した反射と類似した先天的な行動であるが、レスポンデント条件づけの経験により、その行動が引き起こされる刺激対象は拡大する。パブロフの犬の話は有名なレスポンデント条件づけの例。

【演習 1 の回答】

前の環境：通常学級で授業中、板書を中心とした授業が行われている、書く作業がたくさんある

後の環境：クラスメートが近くに来る、先生が近くに来る、クラスメートが書くことを手伝ってくれる、先生が書く作業を減らしてくれる、あるクラスメートが「迷惑だな」とつぶやく

【演習 2 の回答例】

敬語を使う行動が起きやすい状況や話し相手：仕事をしているとき、集団に向かって話すとき、初めて出会う人、年上に見える人、心が穏やかなとき、など

敬語を使う行動が起きにくい状況や話し相手：家にいるとき、個人に向かって話すとき、昔からの知り合い、同年代や年下に見える人、怒っているとき、など

21

第3章

結果事象①：強化

朝岡寛史

1 好子出現による行動の強化

(1) トイレに行きたがらないミヨコちゃん

　ミヨコちゃんは保育園の3歳児クラスに在籍する女の子です。発達障害の診断はありませんが、こだわりや対人関係に関して気になる行動を多く示していました。その一例として、ミヨコちゃんは担任の先生が「トイレに行こう」と声を掛けてもトイレに行きたがらず、もぞもぞとしながらも夢中で好きなおもちゃで遊び続けました。その結果、パンツの中でオシッコをしてしまうことが日常的に見られました。先生は、その度に「オシッコ出ているよ」と声を掛け、パンツとズボンを洗っていました。対応に困った先生は自主的に応用行動分析学に基づく保育士研修を受け、「おトイレできたね！ボード」を作りました（図3-1）。

図3-1　先生が作成した「おトイレできたね！ボード」

そして、先生はミヨコちゃんを約30分おきに「トイレに行ってみよう！」と誘いかけ、成功するたびに「すごーい！できたねー！」「おトイレ出たね！」などと褒めるとともに、大好きなうさぎやパンダ、リスなどの動物のシールの中から1枚選んでもらいました。ミヨコちゃんはボードにシールを貼り、集まったシールを見て満足そうな笑みを浮かべていました。取り組みを続けた結果、ミヨコちゃんは徐々に1人でトイレに行くことが増えてきました。しかし、遊びに夢中になっているときに先生が声を掛けても「ない！ない！ない！」と拒否をすることがあるようです。

演習1 ミヨコちゃんの好きなおもちゃで遊ぶ行動とパンツの中でオシッコをする行動のABC分析をしましょう。

　この章では行動の直後の出来事である結果事象（consequence）に焦点を当てて学んでいきます。「先行事象（Antecedent）・行動（Behavior）・結果事象（Consequence）」の枠組みで個人と環境との相互作用を分析することを、英単語の頭文字をとってABC分析（ABC analysis）と呼びます。とりわけ、下図の3つのボックスのようにABCからなる連鎖のことを「三項随伴性（three-term contingency）」といいます。応用行動分析学の視点で子どもとの関わりを分析する際に、最も重要な観点となります。読み進めていく中で繰り返し出てきますので、しっかりと理解して実際の場面で活用できるようにしていきましょう。前置きが長くなりましたが、ミヨコちゃんの好きなおもちゃで遊ぶ行動と、パンツの中でオシッコをする行動の直前と直後に着目して、枠内に記入してみましょう。

○好きなおもちゃで遊ぶ行動のABC分析

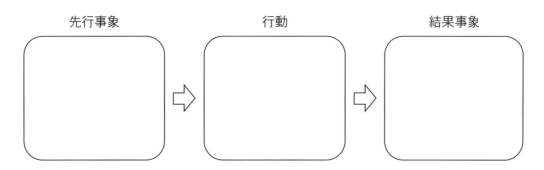

第1部 応用行動分析学の基礎

○パンツの中でオシッコをする行動のABC分析

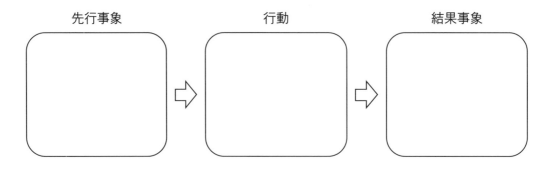

　好きなおもちゃで遊ぶ行動の先行事象は「トイレに行こう」と言う先生の言葉がけ、行動は「好きなおもちゃで遊ぶ」、結果事象は「先生が促すことをやめたり、遠ざかったりすること」です。先行事象と結果事象を比較すると、先生のトイレへの促しが「あり」から「なし」へと変化していることが分かります。このプロセスの詳細は、本章「2　嫌子消失による行動の強化」で扱います。

　また、パンツの中でオシッコをする行動の先行事象は「先生が保育室にいること（先生の関わりなし）」、行動は「パンツの中でオシッコをする」、結果事象は「『オシッコ出ているよ』と声を掛け、パンツとズボンを洗うこと（先生の関わりあり）」です。同様に行動の前後を比較すると、先生の関わりが「なし」から「あり」へと変化しています。

演習2　演習1を踏まえて、どうしてパンツの中でオシッコをする行動が頻繁に起きてしまうのか、その原因を考えましょう。

ミヨコちゃんのパンツの中でオシッコをする行動が起きてしまう原因

第 3 章　結果事象①：強化

　ポイントは行動の直前と直後の環境変化から原因を見出すこと、言い換えれば、**個人と環境との相互作用に基づいて徹底的に考える癖をつけることです**。そのことで、**行動の理由・原因が明確になり、具体的な支援や工夫が出てきやすくなります**。Asaoka & Noro（2020）や内田・岡村（2023）の実践研究論文では、保護者または教師が子どもの行動とその先行事象、結果事象を記録するように支援をしました。先行事象や結果事象には保護者・教師の子どもに対する関わりも含まれていました。それらを保護者・教師が適切に記述できるようになることにより、子どもの行動を自分自身の関わりとの関係で捉えられるようになります。その結果として、肯定的な関わりが増えることが示唆されています。これらの論文の内容は、「どのように ABC を記録していけばよいか？」「どのような記録用紙を用意すればよいのか？」といったことの手がかりになると思います。

　よく「ミヨコちゃんの欲求不満が溜まっているから」「発達障害の特性が見られるから」と子どもの行動の原因を個人の心の状態や障害特性に求めてしまうことがあります。このように、**個人の心の状態や障害特性に気になる行動の原因を求めてしまうと、具体的な問題解決に至らない循環論に陥ってしまいます**（図3-2）。循環論とは、「お漏らしの原因は、欲求不満だからです」という説明と、「欲求不満なのは、お漏らしをすることから分かります」という説明のように、2つの事象について、お互いがお互いを説明するような論じ方を指します。忙しい毎日を送っていると、つい循環論的な考えになっていることもあるかもしれません。本書を読み返し、ABC の枠組み、すなわち客観的事実に基づき振り返ることができているかを確かめましょう。

　好きなおもちゃで遊ぶ行動の ABC 分析から、ミヨコちゃんがおもちゃで遊び続けることで先生のトイレへの促しが撤去され、ミヨコちゃんがおもちゃで遊ぶ、別の観点からはオシッコを我慢する行動が強められていると考えられます。その結果、我慢できずにパンツの中でオシッコをしてしまうと考えられます。さらに、パンツの中でオシッコをする行動の ABC 分析から、トイレに行かなくても先生が着替えさせてくれたり、先生と関わりをもてたりすることにより、その行動が強められていると推測されます。

第1部　応用行動分析学の基礎

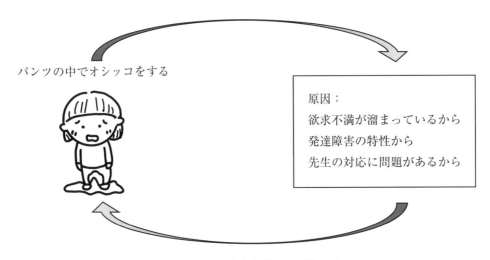

図3-2　循環論的な行動の原因の推定

演習3　ミヨコちゃんのトイレでオシッコをする行動のABC分析をしましょう。

担任の先生は、ミヨコちゃんがトイレでオシッコができるように様々な工夫をしていました。それらを整理してみましょう。

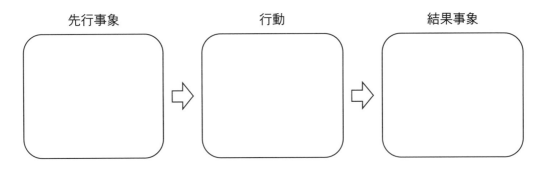

第2章で学んだように、結果事象の操作によってミヨコちゃんのトイレでオシッコをする行動が増加したので、このプロセスは**オペラント条件づけ**（operant conditioning）、トイレでオシッコをする行動は**オペラント行動**（operant behavior）といえます。

ある行動（ここではトイレでオシッコをする行動）が、その行動の生起に後続する即時の結果事象によって強められる、すなわち将来同じような場面で行動が起きやすくな

るプロセスを**強化**（reinforcement）と呼びます。そして、オペラント行動を強める結果事象を**好子**（reinforcer）といいます。2つの用語を合わせて、専門的にはこのようなプロセスを「好子出現による行動の強化（positive reinforcement）」とも呼びます。本事例では、褒め言葉や動物のシールが好子にあたります。なお、**ABC の枠組みで整理するときには「褒め言葉」と抽象的に書かず、「すごーい！できたねー！」「おトイレ出たね！」などと褒めると具体的な事実をありのままに記述すること**が大切です。その理由として、「将来」同じような場面で行動が起きやすくなるプロセスを強化と定義されることから、好子になるかどうかは試してみないことには分からないことが挙げられます。「褒め言葉」と書くと、全ての言葉が好子として働くことを意味します。どのような言葉で褒められるとうれしく感じるかは、子どもやそのときの状況によって異なると思います。口頭で褒めること以外にも、例えば「くすぐり」では、身体のどこの部位をどれくらいの力でくすぐると子どもはうれしそうにするのかを具体的に把握することが大切になります。ただし、身体的な接触に過敏さがある子どもでは、くすぐることは好子になりません。このように、「強化」を知識として知っているからといって子どもをうまく強化できるとは限りません。試行錯誤しながら何が好子になるかを探すことや、「足の裏をやさしくくすぐったら笑った」といったように自分の関わりと子どもの反応を振り返っていくことが臨床技術向上に欠かせません。子どもの笑顔が見られたら、指導者としてこの上ない喜びになると思います。子どもの笑顔を目指して技術を高めていってください。加えて、保育・教育の場では1人の子どもに複数の大人が関わります。支援を統一したり、引き継いだりするためにも具体的に ABC を記述することが求められます。

演習 4　演習3を踏まえ、あなたがミヨコちゃんの担任の先生だったら、トイレでオシッコをする行動を増やすために、どのように関わるとよいのか考えましょう。

ミヨコちゃんのトイレでオシッコをする行動を増やすための支援や工夫

第1部 応用行動分析学の基礎

　幼稚園・保育園などの先生は保育している時間以外にも、連絡帳を書く、保護者対応をする、園内外の会議に出席するなど多忙です。支援を考えたり、ミーティングをしたりする時間をほとんどとれないと思います。また先述したように試してみないとうまくいくか分からない側面もあるため、先生のように思いついたアイデアをやってみる「レッツ・チャレンジ」の心構えをもちましょう。

(2) 身近な事例とまとめ

演習5 ミヨコちゃんの事例を参考に、好子出現による行動の強化の例をABCの枠組みで3つ考えましょう。学生は教育実習やボランティア、アルバイトで子どもと関わった経験から、現職の先生は担任している子どもを想定してください。完成したら近くの人および全体で共有しましょう。

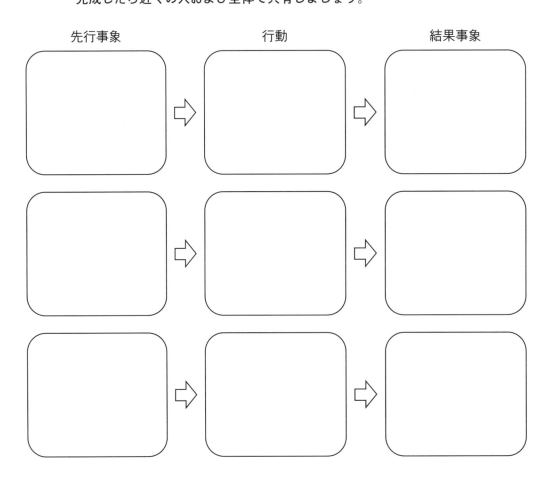

ABC 分析をする際のポイントを3つまとめます。第1に、皆さんが記入した ABC は、結果事象の操作によってその行動が増えた（と感じる）ものかどうかを点検してください。第2に、できる限り具体的に、生き生きとした状況を記述することが大事だと伝えました。2人1組になってロールプレイして再現することで、頭の中で考えるだけでは分からない状況が浮かび上がってくるかもしれません。第3に、慣れるまでは先行事象の「ない」状況は考えにくいかと思います（図3-3）。結果事象、つまり「あり」の状況を先に埋めた方が個と相互作用の変化を捉えやすいと思います。

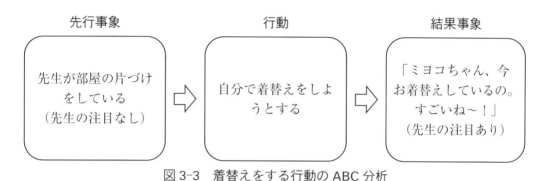

図 3-3　着替えをする行動の ABC 分析

2 嫌子消失による行動の強化

(1) 掃除に取り組まないリク君

リク君は小学校の特別支援学級に在籍する2年生の男子児童で、ASD の診断があります。集団で活動することに苦手さがあり、たまに掃除に参加することもありましたが、下駄箱や校庭にて1人で過ごしていることが多くありました。同じ掃除当番のクラスメートや上級生がリク君に「リク、掃除の時間だぞ！」と声を掛けても、リク君は返答せずにその場に座り込んだり、ウロウロ歩いたりしていました。次第に彼らはリク君から離れていきました。このような実態から、担任の先生は、リク君が決められた場所に行き、掃除できるようになってほしいと考え、それを指導目標の1つに設定しました。掃除の時間になると、先生はリク君を探し、「リク君、今週は廊下の当番だよ。早く行きなさい！」「ほら、もっと速く歩いて！」「サボらない！」などと多くの言葉がけをしました。リク君は「なんだよ……」「オレは疲れているのに……」などとブツブツと文句を言いながら掃除を始めたので、先生は促すことをやめたり、その場を離れたり

第1部　応用行動分析学の基礎

しました。そのような指導を続けた結果、先生が近くにいるときにはリク君が掃除をすることが増えました。

演習6 リク君の掃除に取り組まない行動と掃除をする行動のABC分析をしましょう。

○掃除に取り組まない行動のABC分析

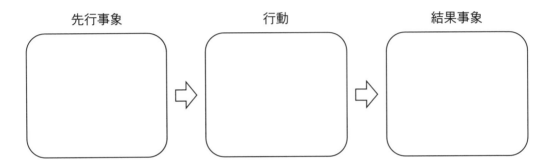

○掃除をする行動のABC分析

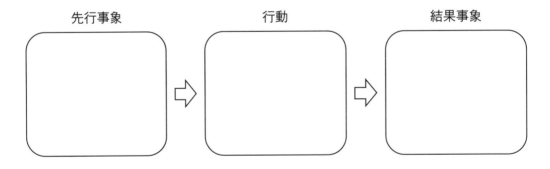

　前者のABC分析における先行事象は「クラスメートや上級生が『リク、掃除の時間だぞ』と声を掛けること」になります。続いて、リク君が「その場に座り込んだり、ウロウロ歩いたりする」ことで、彼らは離れていきました。結果として、リク君は掃除に取り組まずに済んだのです。後者における先行事象は「『リク君、今週は廊下の当番だよ。早く行きなさい！』といった先生の促し」になります。続いて、リク君が「掃除をする」ことで、先生は促すことをやめたり、その場を離れたりしました。リク君の掃除をする行動が増えたという結果から、先生の促しや叱責はリク君にとって嫌悪的なもの

として働いたことが分かります。

　この事例のように、ある行動（ここでは掃除当番をする行動）が、それに後続して、ある刺激（ここでは先生の促しや叱責）が撤去されたり、強さが低下したりする（例えば、先生にガミガミ言われなくなる）ことで、その行動は強められます。この刺激のことを**嫌子**（punisher）、行動が強められるプロセスのことを**嫌子消失による行動の強化**（negative reinforcement）と呼びます。

　「好子出現による行動の強化」と「嫌子消失による行動の強化」の共通点と相違点を整理します。両者ともに、ある行動が将来起きやすくなるという点は同じです。その一方で、前者ではある行動によってある刺激が後続するのに対し、後者ではある行動によってある刺激が取り除かれたりする点が異なります。

演習7　リク君の掃除をする行動を「好子出現による行動の強化」で増やすためには、先生はリク君にどのように関わればよいか、ABCの枠組みで2つの案を考え、近くの人と共有しましょう。

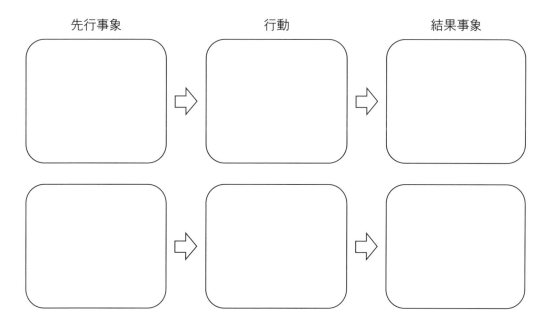

　リク君はまれに掃除に参加することがあるようなので、その行動が増えるように結果事象を操作したり、参加しやすいように先行事象を操作したりすることが考えられます。先行事象については第2章をご参照ください。

　ところで、ミヨコちゃんやリク君の事例のように、保育・教育の場では「嫌子消失に

第1部　応用行動分析学の基礎

よる行動の強化」で維持されている行動が多くあると思います。ここまで検討してきたように、その原因や理由を考え、いかに「好子出現による行動の強化」へと転換するのか、そのアイデアを出し合いましょう。

演習8　皆さんが考えた「好子出現による行動の強化」によるABC分析と演習6で検討した「嫌子消失による行動の強化」のABC分析を見比べ、リク君の動機づけに与える影響に着目して、その違いを考えましょう。図3-4は前後の変化が明確になるように示したものになります。上段が好子出現、下段が嫌子消失による行動の強化です。

「好子出現による行動の強化」と「嫌子消失による行動の強化」の違い

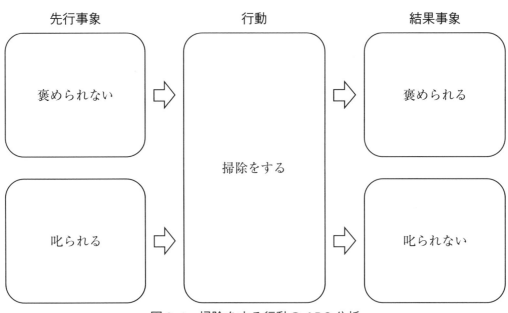

図3-4　掃除をする行動のABC分析

図3-4から読み取れるように、**両者ではリク君の「動機づけ」が異なります**。上段の好子出現による強化では将来的に「ウキウキと」掃除をするようになり、下段の嫌子

消失による強化では「仕方なしに」掃除をするようになります。発達障害やその特性のある子どもたちは日常的に叱られることが多く、褒められることが少ないと思います。子どもたちの自己肯定感などを高めるためにも「好子出現による行動の強化」を軸に指導・支援を組み立てていくことが何より大切になります。

（2）身近な事例とまとめ

演習 9 リク君の事例を参考に、嫌子消出による行動の強化の例を ABC の枠組みで3つ考えましょう。完成したら近くの人および全体で共有してみましょう。

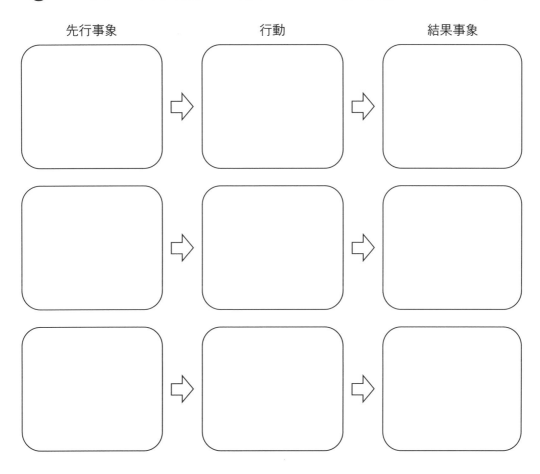

　ABC で記述することに慣れてきたでしょうか。ミヨコちゃんの事例で示した3つのポイントに沿ってチェックしてみましょう。
　本章で扱った「強化」は、知的・発達障害のある子どもたちの指導・支援において最も基本で、かつ重要な応用行動分析学の技法になります。第6章の「分化強化」と合わ

せて読むとより効果的に学習できます。「強化」、とりわけ「好子出現による強化」によって未獲得の行動を形成する際には連続的に好子を提示し、獲得された行動を維持させる際は間欠的に好子を提示していきます。例えば、最初はリク君が掃除に関連した行動をとるごとに褒めていきます。行動が定着してきたら、2回に1回、3回に1回などと徐々に褒める頻度を少なくしていき、掃除の定着を図っていくのです。最終的には、「廊下が綺麗になる」「通りがかった校長先生に褒められる」など、自然な強化子によってリク君の適切な行動が維持されるようになることを期待します。

第3章のまとめ

★「先行事象・行動・結果事象」の枠組みで分析することは、望ましい行動や問題行動が起きる・起きない理由を推定するときの手がかりになる。

★強化とは、ある行動がその行動の生起に後続する即時の結果事象によって強められるプロセスである。

★強化には「好子出現による行動の強化」と「嫌子消失による行動の強化」があるが、前者を軸に指導・支援を行っていく。

専門用語のまとめ

・**ABC分析**（ABC analysis）：「先行事象・行動・結果事象」の枠組みで個と環境の相互作用を分析すること。

・**好子出現による行動の強化**（positive reinforcement）：ある行動に後続して、ある刺激が提示されたり、強さが上昇したりすることで、その行動が強められるプロセス。

・**嫌子消失による行動の強化**（negative reinforcement）：ある行動に後続して、ある刺激が撤去されたり、強さが低下したりすることで、その行動が強められるプロセス。

文献

Asaoka, H. & Noro, F.（2020）Effects of Self-Monitoring of Antecedents and Consequences on the Mother of an Adolescent Child Exhibiting Behavior Problems. *Child & Family Behavior Therapy*, *42*(3), 186-205.

内田朋恵・岡村章司（2023）行動面の困難を示す児童の保護者と教師を対象とした支援方法発見プログラム―行動記録を用いたモニタリングの効果検討―. 特殊教育学研究, 61(2), 77-90.

第4章
結果事象②：弱化と消去

永冨大舗

1 事例と解説

(1) 友だちからの注目を得るユイト君

　ユイト君は小学校の特別支援学級に在籍する1年生の男子児童です。ASDの診断があり、入学前から友だちに対する不適切な行動が多く見られていました。例えば、友だちの筆箱を取ったり後ろから押したりする行動です。これらの行動は、友だちからの注目がない場面で起こることが多く、行動の直後には友だちが追いかけたり、「やめて」と言われたりしていました。これまで特別支援学級の先生は厳しく注意をしたり、適切な行動をイラストを用いて視覚的に教えたりしましたが、不適切な行動が減ることはありませんでした。

演習1　友だちからの注目がない場面でのユイト君の友だちを後ろから押す行動をABC分析してみましょう。

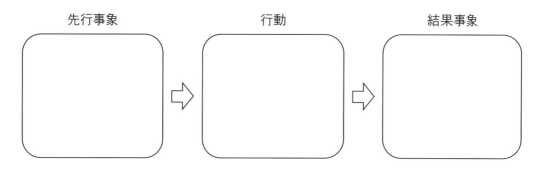

そこで、担任の先生は掲示板に在籍する子どもの名前、それぞれの名前の下にiPadと書かれたマグネットを貼りました。マグネットの下には、不適切な行動を具体的に文字とイラストで提示しました。そして、これらの行動をすればマグネットが剥がされ、その日の昼休みはiPadで遊ぶことができないことを説明しました。iPadは特別支援学級の全ての子どもに配布されており、昼休みの過ごし方として最も人気だったために設定されました。担任の先生がこの方法を行うことで、ユイト君の不適切な行動はすぐに減りました。

演習2 担任の先生がマグネットを使った指導をした後、どうしてユイト君の不適切な行動が減ったのか、原因を考えてみましょう。できたら近くの人および全体で共有しましょう。

行動が減った原因

（2）解説

担任の先生はiPadと書かれたマグネットを子どもの名前の下に貼りました。これは、昼休みにiPadで遊ぶことができる目印となりました。もし不適切な行動が起きるとマグネットは剥がされました。ABC分析で示すと以下のようになります。

マグネットがなくなることは、昼休みにiPadで遊ぶことができなくなることを意味しています。そのため、ユイト君の不適切な行動が減ったのだと考えられます。

(3) 掃除の時間に野球ごっこをするサク君

　サク君は小学校の通常学級に在籍する2年生の男子児童です。面白いことを言って場を明るくするようなムードメーカーであり、クラスの人気者です。掃除の時間、サク君は近くに先生がいないことを確認して、数名の友だちに声を掛け、ほうきと雑巾で野球ごっこを始めました。注意をする友だちもいましたが、お構いなしで野球を続けています。そのため、真面目に掃除をする子どもがより多く頑張らなければならなくなりました。ある日、サク君と数名の友だちは野球ごっこをしているところを先生に見つかってしまい、注意をされました。また、担任の先生に報告され、反省文を書くこととなりました。これらのことがきっかけで、サク君は次の日から掃除の時間に野球ごっこをすることはなくなりました。

演習3　掃除の時間、サク君が野球ごっこをしなくなった原因を考えてみましょう。できたら近くの人および全体で共有しましょう。

行動が減った原因

(4) 解説

　サク君と数名の友だちが野球ごっこをしているところを先生にみつかった場面をABC分析で示すと、以下のようになります。

第1部　応用行動分析学の基礎

このように、野球ごっこをする行動が減ったのは、先生から注意され、反省文の課題が出されたことが原因だと分かります。読者の方も、似たような経験をしたことがあるかもしれません。しかし、後述するようにこのような先生の関わりには、行動を減らすという視点からいくつかの問題点があります。

2 弱化と消去

（1）弱化とは

第3章では、行動の直後の結果事象により、その行動の将来的な生起頻度が増加することを強化、増加させる機能をもつ刺激を好子と呼ぶことを学びました。本章では行動の生起頻度が減少するプロセスについて学びます。応用行動分析学では、**行動の直後の結果事象によって、将来的なその行動の生起頻度が減少することを弱化**（punishment）、**減少させる機能をもつ刺激を嫌子**（punisher）と呼びます。

サク君の事例では、掃除時間中に野球ごっこをする行動が起きた直後の結果事象では近くにいた先生から注意され、反省文が出されることとなりました。この**先生の注意、反省文の課題が野球ごっこをする行動の生起頻度を減少させ、注意や課題が嫌子である**と考えられます。このように、**行動の直後の結果事象でなんらかの刺激が出現・増加することによって、将来的なその行動の生起頻度が減少することを嫌子出現による行動の弱化**（positive punishment）といいます。

38

第 4 章　結果事象②：弱化と消去

演習 4　サク君の例を参考に、身の回りの嫌子出現による行動の弱化の例を ABC の枠組みで 3 つ考えましょう。できたら近くの人および全体で共有してみましょう。

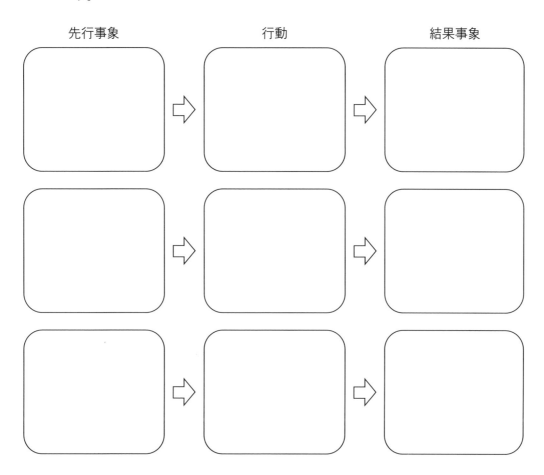

　また、**結果事象で刺激が消失・減少することによっても、行動が減少する場合があり、消失・減少される刺激のことを好子**といいます。ユイト君の事例では、友だちに対する不適切な行動が起きた直後の結果事象で、iPad と書かれたマグネットが剥がされ、昼休みに iPad で遊ぶことはできなくなりました。この、iPad と書かれたマグネットが剥がされることが友だちに対する不適切な行動を減少させ、iPad と書かれたマグネット（iPad で遊ぶことの目印）が好子であると考えられます。
　このように、**行動の直後の結果事象でなんらかの刺激が消失・減少することによって、将来的なその行動の生起頻度が減少することを好子消失による行動の弱化（negative punishment）**といいます。

第1部　応用行動分析学の基礎

　第3章の「結果事象：強化」と本章をまとめると、行動の増減を意味する強化と弱化、結果事象における刺激の変化を意味する出現と消失を組み合わせて定義されるオペラント行動を表4-1のようにまとめました。難しい内容ですが、第3章と本章の内容を読み、理解するようにしましょう。

表4-1　行動の増減と刺激の出現・消失の組み合わせで定義されるオペラント行動

		刺激	
		出現・提示	消失・除去
行動	増加	好子出現による行動の強化	嫌子消失による行動の強化
	減少	嫌子出現による行動の弱化	好子消失による行動の弱化

40

第 4 章 結果事象②：弱化と消去

演習5 ユイト君の例を参考に、身の回りの好子消失による行動の弱化の例を ABC の枠組みで 3 つ考えましょう。できたら近くの人および全体で共有してみましょう。

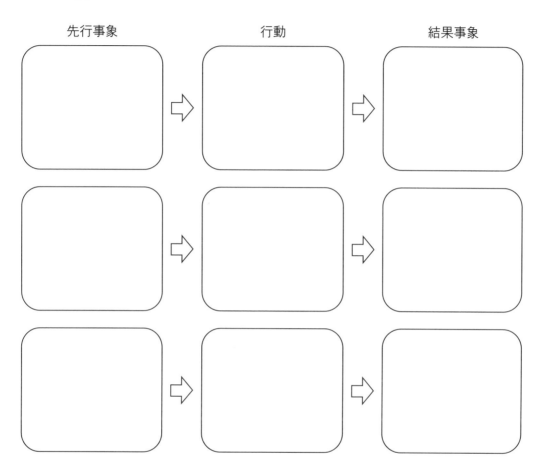

41

第1部　応用行動分析学の基礎

演習
6
演習4、5にある行動の弱化について、このような弱化手続きが多く用いられることに問題点はないでしょうか。また、本当に弱化手続きは行動を減らすことに効果的なのでしょうか。弱化の問題点、効果について考えましょう。できたら近くの人および全体で共有してみましょう。

（2）弱化手続きがもたらす副次的効果

　弱化は行動の直後の結果事象によって、その行動の将来的な生起頻度が減少することです。ルールを破るなどの社会的に望ましくない行動や他者や自分、物を傷つける行動といった減らす必要がある場合に適用されることが想定されます。しかし、弱化には行動の生起頻度を減らす効果だけではなく、それ以外の行動の生起頻度を増やす効果があるとされています。生起頻度が増えるのが望ましい行動であれば問題はありませんが、例えば、弱化手続きを行う人を避けたり、弱化手続きを行う人がいない場面で望ましくない行動が起きる可能性もあります。ここでは、吉野（2015）をもとに弱化手続きがもたらす副次的効果を学びましょう。

1）嫌子の使用による効果

　行動の直後の結果事象によって、その行動の将来的な生起頻度が減少することを弱化、減少させる機能をもつ刺激のことを嫌子といいます。例えば、皆さんが夜遅くまでレポートに取り組んで夜更かしをしてしまい、翌日の授業中に寝てしまったとき、授業担当の先生がみんなの前で叱ったり、反省文を書かせたりしたとします。このとき、皆さんの授業中に寝る行動は減るかもしれませんが、同時に先生に対する不満が生じたり、イライラしたり、悪口を友だちにもらしたり、授業全体にやる気をなくしてしまって学習行動まで減少してしまったりすることはないでしょうか。つまり、**弱化手続きは行動の生起頻度を減少させるだけではなく、受ける側を不快にしたり、望ましくない情緒状態を生じさせたり、攻撃行動や逃避行動を引き起こしたりします。また、弱化手続**

きを行う側も含めて、お互い嫌な気持ちになってしまいます。

2）弱化手続きを受ける行動に及ぼす影響

　担任している子どもが、授業中に冗談を言って周囲から注目を得ていたとします。も
し、その子どもの冗談を言う行動に対して叱責をした場合、周囲の友だちからより多く
の注目を集めてしまうことがあるかもしれません。叱責した教師としては、行動を減ら
す目的で弱化手続きを用いた場合でも、周囲からの注目を得て行動が増加してしまう場
合もあります（好子出現による行動の強化）。また、叱責のような弱化手続きを用いる
ことで、それを見た周囲の子どもが真似をして、友だちに対して叱責する様子を見せる
可能性もあります。このように、**弱化しようとした関わりが、注目を得るといった好子
を獲得したり、弱化手続きが多く用いられたりする可能性があります。**

3）抑制効果の持続性

　弱化手続きにより、表面的には行動は減少したように見えるかもしれません。しかし
次のような問題が生じる場合があります。例えば、子どもが授業に遅れそうになって、
廊下を走ってしまったとします。そのことについて教師から叱られると、その子どもは
一時的に廊下では走らなくなるかもしれませんが、しばらく時間が経過すると、再び廊
下を走ってしまうかもしれません。また、叱る人がいないことを確認すると走ってし
まったり、バレないように別の走ってはいけない道を走ったりするかもしれません。つ
まり、**弱化手続きを行った人の前では行動を減少させたかもしれませんが、それは目に
見える気づく範囲であって、弱化手続きを受けた人は別の場面で同じ行動をしてしまっ
ている可能性があります。**

4）望ましい行動を増やすことへの効果

　先に示した通り、**弱化にはそれ以外の行動の生起頻度を増やす効果がありますが、増
加する行動が望ましい行動とは限りません。**例えば、ある子どもが友だちの使っている
玩具を使いたくなって取ったとします。その場面で、友だちの玩具を取る行動に対し
て、弱化手続きを用いて行動を減らすことができるかもしれませんが、その子どもにど
のように行動をすればよいのかは教えていません。**弱化手続きを行うことよりも、「貸
して」と言う行動や「見せて」と言う行動のお手本を示し、これらの行動が起きたとき
に称賛して強化することの方が、友だちの玩具を取る行動を減らすことに効果的だと考**

第1部　応用行動分析学の基礎

えられます。

　以上のように、弱化手続きを行うと、行う側や受ける側、その周辺にも望ましくない影響が生じてしまいます。そのため、**望ましい行動が起きるように環境を設定したり（第2章「先行事象」を参照）、望ましい行動が増えるように強化手続きを用いたり（第3章「結果事象：強化」を参照）することが大事です。また、望ましくない行動が起きたとしても望ましい行動を増やすような分化強化手続き（第6章「分化強化」参照）を行うことが求められます。**

　弱化手続きによる行動を減らすこと以外の副次的効果について、**表4-2**にまとめました。とても大事なことなので、しっかりと学びましょう。

表4-2　弱化手続きがもたらす副次的効果（吉野，2015 をもとに作成）

Ⅰ　嫌子の使用による影響
　1．弱化手続きは用いる側も受ける側も一般的に不快である
　2．望ましくない情動状態が生じる
　3．特に体罰によっては、社会的な攻撃行動を引き起こす可能性がある
　4．弱化された反応を行った個人が、その状況から逃げ出したり、避けたりといった社会的な混乱を引き起こす
　5．弱化手続きは、弱化された行動だけでなく、より全般的な反応の抑制をもたらす傾向がある

Ⅱ　弱化手続きを受ける行動に及ぼす影響
　6．弱化手続きを受ける行動がなんらかの社会的な強化を受ける可能性がある
　7．弱化手続きは乱用される危険性が高い

Ⅲ　抑制効果の持続性
　8．弱化手続きによってもたらされる反応抑制効果は一時的に留まることがある
　9．弱化手続きを受けた行動は、それ以外の望ましくない行動に置き換わる可能性がある
　10．弱化手続きを用いる個人がいない場面でのみ一時的に反応を抑制するだけで、それ以外の場面では反応は維持されたままである

Ⅳ　望ましい行動を増やすことへの効果
　11．弱化手続きを受けた行動が望ましくないことが分かったとしても、どうすればよいかを示さない

（3）消去

　行動の生起頻度が減少するプロセスとして、弱化手続き以外にもう1つあります。それは、行動への強化を中止することです。例えば、ユイト君の不適切な行動は友だちからの注目によって強化されていました。もし友だちが、全く注目をしなくなれば次第に不適切な行動は減少するでしょう。このように、**今まで強化されていた行動の強化を中止することを消去**（extinction）といい、行動の生起頻度を減少させることができます。

　消去はレスポンデント条件づけ（第2章「先行事象」を参照）においても用いられます。**レスポンデント条件づけの文脈では、無条件刺激の提示を中止することを消去**といい、その結果、レスポンデント行動は減少します。例えば、第2章ではタクマ君やケンジ君の「急に大声で怒鳴られた」という無条件刺激により、「2人が近くにいること」がミユキさんの心臓がドキドキする行動を引き起こす条件刺激となりました。しかし、「2人が近くにいること」という条件刺激が提示されても、「急に大声で怒鳴られた」という無条件刺激が提示されないという消去手続きを行っていくと、次第に心臓がドキドキする行動は減少します。また、パブロフの犬のように、ベルの音という中性刺激と同時に食べ物という無条件刺激を対提示されると、ベルの音が唾液を分泌するというレスポンデント行動を引き起こす条件刺激となります。しかし、無条件刺激である食べ物の対提示を中止し、ベルの音である条件刺激のみを鳴らし続ける消去手続きを行っていくと、次第に唾液を分泌する行動は減少していきます。

　消去手続きは、オペラント行動、レスポンデント行動を減らすことができますが、次の2つの現象をしっかりと理解しておくことが大事です

1）自発的回復

　消去手続きを行い、行動が減少した後の時間経過によって、行動が再び出現することを自発的回復（spontaneous recovery）といいます。もちろん、**消去手続きが継続していれば行動はすぐに減少します。**

　例えば、ユイト君のケースでは、不適切な行動が減少した後も、再び不適切な行動が起きることがあります。そして、やはり注目が得られなければ、不適切な行動は減少します。また、第2章ではタクマ君とケンジ君がいてもミユキさんの心臓がドキドキする行動が減少した後でも、ふいに心臓がドキドキする行動が起きることがあります。それでも継続して大きな声で怒鳴られることがなければ、心臓がドキドキする行動は減少し

第1部　応用行動分析学の基礎

ます。

2）消去バーストと攻撃性の増大

消去手続きを行うと、一時的に行動が増加することを消去バースト（extinction burst）といいます。消去バーストはオペラント行動であっても、レスポンデント行動であっても起きることがあります。例えば、ユイト君のケースで消去手続きを行うと、一時的に不適切な行動が増加して、なんとか注目を得ようとするかもしれません。もしかすると、これまでよりも強い力で押したり、より大事な物や多くの物を取るかもしれません。それでも注目が得られないと、不適切な行動は減少します。

自発的回復も消去バーストも、消去手続きを行う人にとっては、しっかりと理解しなければならない現象です。それは、**消去手続きを行っても、行動が急に起きることや一時的に増加すること、場合によっては攻撃性が増大する**ということです。もし、**これらの現象が起きたときに消去手続きが行われず、強化されてしまうと行動の生起頻度は増加してしまいます**。

消去手続きを行うのであれば、継続して手続きを続けていくことが大事になってきます。また、攻撃性が増大することや、行動が好子出現によって強化されているわけではないことを考えると、**望ましい行動が起きるような先行事象を設定し、望ましい行動が起きたら好子出現による行動の強化で望ましい行動を増やすことを推奨**します。

（4）野菜が嫌いなサキちゃん

サキちゃんは保育園の2歳児クラスに在籍する女の子です。保護者はサキちゃんの野菜嫌いに困っています。1歳まではペースト状にしたり、細かく切って茹でた野菜を食べていましたが、1歳半頃になると野菜を見ると、首を振る行動や食べた野菜を口から出す行動が見られるようになりました。保護者は、栄養をとってほしいという思いもありながら、無理矢理食べさせてもいいのだろうか心配になり知り合いに相談すると、「首を振る行動や食べた野菜を口から出す行動の後に、野菜を食べなくてもよいことを学ぶと、首を振る行動や口から出す行動が増えるから、嫌がっても食べさせた方がいい」と言われました。

知り合いの話を聞いて、保護者はどれだけ首を振る行動や口から出す行動をしても、無理矢理食べさせるようにしました。また、大きな声で叱ることも増えてきました。す

ると、サキちゃんは大きな声で泣く行動やスプーンやお皿を投げる行動、保護者をたたく行動まで見られるようになりました。保護者も耐えきれなくなり、野菜を食べさせることを諦めることもあります。しかし、その度に知り合いの言葉を思い出します。最近では、保護者もサキちゃんも食事の時間が辛くなっています。

演習7 サキちゃんは首を振る行動や野菜を口から出す行動だけではなく、大きな声で泣く行動や保護者をたたく行動まで見られるようになりました。なぜこのような現象になったのか考えましょう。

演習8 あなたはサキちゃんの保護者から今のままでもよいのだろうかと相談されました。あなたならどのように返答するか考えましょう。できたら近くの人および全体で共有してみましょう。

┌─ 第4章のまとめ ─────────────────

★行動の直後に、好子が消失するか嫌子が出現すると、将来的なその行動の生起頻度が減少する。

★弱化手続きを行うと、望ましくない情動が生じたり、攻撃行動を引き起こしたりするなどの副次的効果がもたらされる。

★消去手続きを行うと、行動は減少するが、行動が再び出現したり、消去手続きを行った直後に行動頻度や攻撃性が増加したりすることがある。

★弱化手続き、消去手続きを主にすることよりも、望ましい行動を引き出す先行事

47

第1部　応用行動分析学の基礎

象を整え、望ましい行動が起きたら強化することの方が大事である。

┌─ 専門用語のまとめ ─────────────────────────────┐

・**弱化**（punishment）：行動の直後の結果事象によって、将来的なその行動の生起頻度が減少すること。

・**嫌子**（punisher）：行動を減少させる機能をもつ刺激。

・**嫌子出現による行動の弱化**（positive punishment）：行動の直後の結果事象でなんらかの刺激が出現・増加することによって、将来的なその行動の生起頻度が減少すること。

・**好子消失による行動の弱化**（negative punishment）：行動の直後の結果事象でなんらかの刺激が消失・減少することによって、将来的なその行動の生起頻度が減少すること。

・**消去**（extinction）：今まで強化されていたオペラント行動の強化を中止すること。もしくは、レスポンデント条件づけの文脈で、無条件刺激の提示を中止すること。

・**自発的回復**（spontaneous recovery）：消去手続きを行い、行動が減少した後の時間経過によって、行動が再び出現すること。

・**消去バースト**（extinction burst）：消去手続きを行うと、一時的に行動が増加すること。

└─────────────────────────────────────┘

【演習4の回答例】

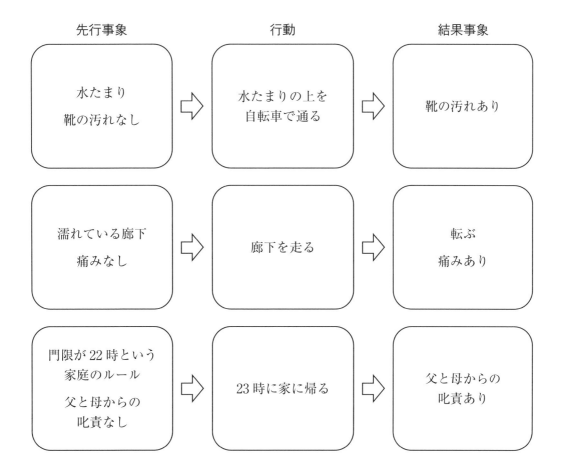

【演習5の回答例】

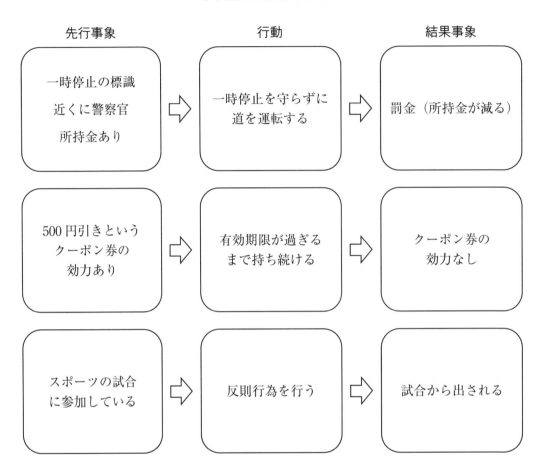

【演習7の回答例】

これまで首を振る行動や野菜を口から出す行動の後には、野菜を食べなくてもよくなるといった嫌子消失による行動の強化を受けていた。しかし、この強化を中止される消去手続きが行われるようになったため、攻撃性が増大したと考えられる。また、首を振る行動や野菜を口から出す行動の後に、無理矢理食べさせられることや、大きな声で叱られるといった嫌子出現による行動の弱化を受けた。弱化手続きがもたらす副次的効果で、望ましくない情動や攻撃行動が生じたと考えられる。

第 4 章　結果事象②：弱化と消去

【演習 8 の回答例】

弱化手続きがもたらす副次的効果や消去バースト、攻撃性の増大について説明し、望ましい行動である野菜を食べる行動が起きるように先行事象を操作したり、好子出現による行動の強化を行ったりするように提案する。例えば、野菜をペースト状にしたり、野菜クッキーなどのお菓子にしたりして、サキちゃんが進んで野菜を食べる行動が起きるようにレシピを工夫する。また、少しでも野菜を食べる行動が起きたら、しっかりと称賛したり、サキちゃんの好きなキャラクターのシールをカレンダーに貼るなどをする。

文献

吉野俊彦（2015）反応抑制手続きとしての弱化．行動分析学研究，29(2), 108-118.

第5章

行動の機能

永冨大舗

1 事例と解説

（1）授業中に物を投げてしまうツムギさん

　ツムギさんは特別支援学校小学部に在籍する3年生の女子児童です。知的障害とASDの診断があり、言葉を理解したり、言葉を用いて気持ちを伝えたりすることが苦手です。

　ツムギさんは学校生活で先生が近くにいないときの様々な場面で、物を投げる行動が見られます。例えば、授業中、先生が近くにいないときに鉛筆などの教材を投げることがあります。また、休み時間、先生が近くにいないときに友だちが遊んでいるブロックを投げることがあります。ツムギさんの物を投げる行動の後、すぐに先生はツムギさんの近くに駆け寄り、「投げてはダメよ」「危ないよ」と声を掛け、しばらくはツムギさんの近くにいるようにしています。

演習 1 ツムギさんの授業中の物を投げる行動をABC分析しましょう。

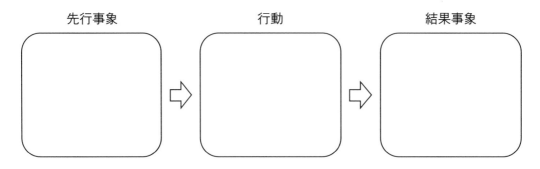

演習 2　ツムギさんの授業中の物を投げる行動が起きている原因を考えながら、担任、補助の先生はどのように関わるとよいのか考えましょう。

(2) 授業中に物を投げてしまうソウ君

　ソウ君は特別支援学校小学部に在籍する5年生の男子児童です。知的障害とASDの診断があり、言葉を理解したり、言葉を用いて気持ちを伝えたりすることが苦手です。
　ソウ君は主に授業中に物を投げる行動が見られます。例えば、先生と対面で課題を行っているとき、誤答が続くと机の上にある教材を投げます。このようなとき、先生はソウ君の課題を片付け、別のやさしい課題を提示するようにしています。

演習 3　ソウ君の授業中の物を投げる行動をABC分析しましょう。

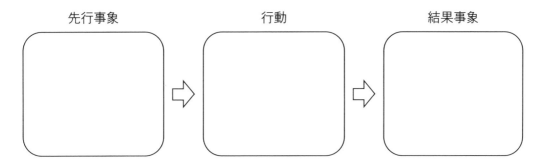

第1部　応用行動分析学の基礎

演習
4

ソウ君の授業中の物を投げる行動が起きている原因を考えながら、担任の先生はどのように関わるとよいのか考えましょう。

（3）解説

　ツムギさんの担任の先生は物を投げる行動の ABC 分析を行った結果、先生が近くにいないという先行事象が行動を生起させ、先生が近くに駆け寄るという結果事象が行動を強化していると考えました。そこで、授業中や休み時間では可能な限りツムギさんの近くにいるようにし、それぞれの場面の望ましい行動に対して称賛をして行動を強化しました。また、ツムギさんから離れるとき、「もし先生に来てほしいときは、先生って呼んでね」と伝え、望ましい行動である「先生」と呼ぶ行動を行うように指示しました。そして、ツムギさんが「先生」と呼ぶ行動が起きると、すぐにツムギさんの近くに駆け寄り、称賛をして、問題の解き方を教えました。

　ソウ君の担任の先生は物を投げる行動の ABC 分析を行った結果、誤答が続くような難しい課題が先行事象として行動を生起させ、別のやさしい課題を提示するという結果事象が行動を強化していると考えました。そこで、課題の難易度を下げたり、正答を促すようにしたりしました。また、机の上に「教えて」カードを置きました。ソウ君が誤答したとき、担任の先生は「教えて」カードを指差し、それを手渡すように促しました。なお、この促しを応用行動分析学ではプロンプトといい、第8章で解説します。

演習5 ツムギさんの先生と呼ぶ行動をABC分析しましょう。

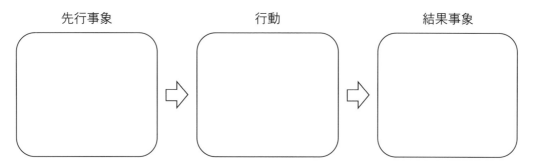

演習6 ソウ君の「教えて」カードを先生に渡す行動をABC分析しましょう。

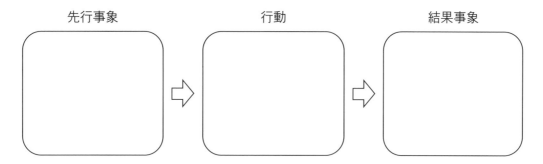

2 行動の機能と4つの種類

(1) 行動の機能とは

　応用行動分析学では、**行動は環境との相互作用によって生起している**と考えます。つまり、**行動の直前の先行事象が行動の生起に関する手がかりとなり、行動の直後の結果事象が強化したり、弱化したりして行動の増減に影響する**と考えます。

　さらに応用行動分析学では、**行動の機能（function）** に着目します。本章の最初に、物を投げる行動を示す2人の事例を紹介しました。これらの行動を実際に見た人にとっては、同じ行動のように見えるかもしれません。しかし、ツムギさんの物を投げる行動は、先生が駆け寄って言葉をかけることによって強化されていますが、ソウ君の物を投げる行動は、課題からの休憩を得ることによって強化されています。つまり、**ツムギさ**

んとソウ君では物を投げる行動を起こす要因が異なっています。応用行動分析学では、**行動を起こす要因のことを機能と呼びます。**

一方で、**行動が異なっても機能が同じことがあります**。例えば、先生の言葉がけによって強化されているツムギさんの行動は、先生への挨拶など物を投げる行動のほかにもあると考えられます。このように、**同じ機能によって維持されている様々な行動があり、より社会から受け入れられる適切な行動に置き換えることで、不適切な行動を減らす**という方法が用いられます（例えば、第6章「分化強化」）。

(2) 4つの機能

応用行動分析学では、知的障害などを伴う子どもの問題行動の機能を、主に4つに分類します。ここでは、それぞれの機能を1つずつ解説していきます。

1) 注目

他者からの関わりが行動の好子となっている場合、行動の機能は注目（attention）と呼ばれます。他者からの関わりの例としては、仲の良い友だちを外で見かけたとき、名前を呼んだら、友だちが自分に気づいて視線を送ってくれたり、挨拶をしてくれたりすることが好子となっている場合です。

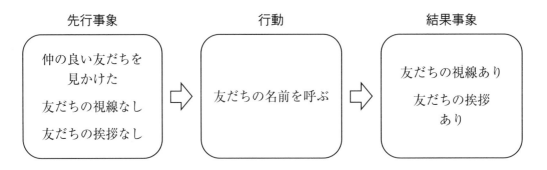

このような行動は、**注目されることが少ない環境で起きやすくなります**。事例のツムギさんの場合、授業中や遊び時間で先生との関わり（注目）が少ない環境が行動を引き起こし、先生が駆け寄って声を掛けてくれることによって強化されていました。

第 5 章　行動の機能

演習 7　あなた自身の注目が機能である行動を書きましょう。

（空欄）

2）要求

　物や活動への参加、あるいは援助を得られることが行動の好子となっている場合、行動の機能は要求（demand）と呼ばれます。要求の例としては、課題が難しくて解き方が分からないときに、「この問題って難しいよね」と言うと、友だちが教えてくれることや手伝ってくれることが好子で行動が起きている場合です。

先行事象		行動		結果事象
難しい課題がある 友だちがいる 友だちの援助なし	⇨	友だちに「この問題って難しいよね」と言う	⇨	友だちの援助あり

演習 8　あなた自身の要求が機能である行動を書きましょう。

（空欄）

57

第1部　応用行動分析学の基礎

3）感覚

感覚刺激を得られることが行動の好子となっている場合、行動の機能は感覚（sensory）と呼ばれます。他者が周囲にいないときでも、**持続するような行動は感覚刺激で強化されていることが考えられます**。ASDのある子どもが自分の目の前で手を振る行動や、椅子に座って身体を前後に揺らす行動が、周囲に他者がいない状況で生起している場合、その機能は感覚である可能性が高いです。日常生活では、無目的で、反復的な自己刺激行動（例えば、首をまわす、髪をひっぱる）は、感覚の機能である可能性が高いです。

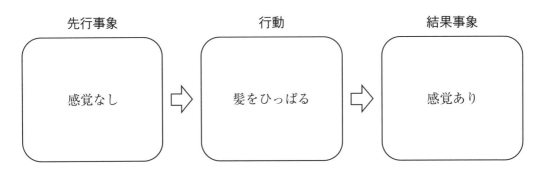

 演習9 あなた自身の感覚が機能である行動を書きましょう。

4）逃避

自身にとって嫌悪的な活動や要求から逃れられることが行動の好子になっている場合、その行動の機能は逃避（escape）と呼ばれます。機能が逃避である行動は、嫌子消失による行動の強化が起きている場合です（第3章「結果事象：強化」を参照）。

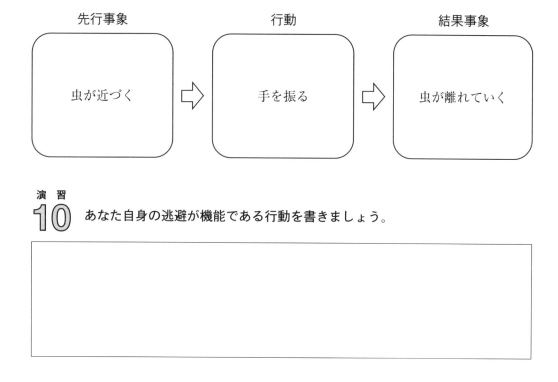

演習 10 あなた自身の逃避が機能である行動を書きましょう。

（3）大きな声で泣くヒナノちゃん

　ヒナノちゃんは幼稚園の5歳児クラスに在籍する女の子で、全般的な発達の遅れが指摘されています。発語はありますが、助けが必要なときや嫌な気持ちを大きな声で泣いて伝えることが見られ、担任とは別に加配の先生がついています。

　例えば、水筒のフタが開けられない日があり、その場で大きな声で泣き出しました。先生は近くまで来て、「フタが開けられなかったね」と言いながら水筒のフタを開けてあげました。するとすぐにヒナノちゃんはお茶を飲んで落ち着くことができました。

　また、ヒナノちゃんは野菜が苦手で、給食に野菜が出たときも大きな声で泣くことがあります。先生は「少しだけ食べてみようか？」と声を掛けますが、大きな声で泣くことが続くときには、静かに野菜だけを別の容器に移し入れてあげます。そうすることで、ヒナノちゃんは再び給食を食べ始めます。

第1部　応用行動分析学の基礎

演習 11　水筒のフタが開けられないときの大きな声で泣く行動をABC分析しましょう。

先行事象	行動	結果事象

演習 12　ヒナノちゃんの大きな声で泣く行動が起きている原因を考えながら、幼稚園の先生はどのように関わるとよいのか考えましょう。

演習 13　苦手な野菜が出たときの大きな声で泣く行動をABC分析してみましょう。

第 5 章　行動の機能

演習 14　ヒナノちゃんの大きな声で泣く行動が起きている原因を考えながら、幼稚園の先生はどのように関わるとよいのか考えましょう。

─ 第 5 章のまとめ ─

★三項随伴性から推定される、行動が生起する要因のことを機能と呼ぶ。

★主な行動の機能には注目、要求、感覚、逃避がある。

★見た目の行動が同じでも、機能が異なる場合がある。

専門用語のまとめ

・**機能**（function）：行動を起こす要因。

・**注目**（attention）：他者からの関わりが行動の好子となっている場合の行動の機能。

・**要求**（demand）：物や活動、援助を得られることが行動の好子となっている場合の行動の機能。

・**感覚**（sensory）：感覚刺激を得られることが行動の好子となっている場合の行動の機能。

・**逃避**（escape）：自身にとって嫌悪的な活動や要求から逃れられることが行動の好子となっている場合の行動の機能。

【演習 7 の回答例】

・おしゃれな服を着る

・かわいいアクセサリーを身につける

・挨拶をする

・飼っているペットの頭を撫でる

・きれいな風景を SNS に投稿する

第1部　応用行動分析学の基礎

【演習8の回答例】

・課題に分からない箇所があったので、先生に「教えてください」と言う

・日曜日ですることがなかったので、友だちを遊びに誘う

・お店で商品のお金を支払う

・自動販売機でジュースを買う

【演習9の回答例】

・ペン回しをする

・音楽を聴く

・動画を見る

・痒いところを掻く

・ランニングをする

【演習10の回答例】

・周囲の音が気になるので、音がない場所に移動する

・部屋が暑くて不快なので、クーラーをつける

・友だちからいろいろと話しかけられたが、1人になりたかったので「レポートをしなければいけないから、ごめんね」と伝えて離れた

第 5 章　行動の機能

【演習 11 の回答例】

水筒のフタが開けられないときの大きな声で泣く行動の ABC 分析

【演習 12 の回答例】

・ヒナノちゃんがフタを自分で開けることができるような水筒に変えてもらう
・ヒナノちゃんが泣いたとき、「先生、開けて」とお手本を示し、ヒナノちゃんの「先生、開けて」と言う行動の後に、しっかりと褒めながら水筒のフタを開ける

【演習 13 の回答例】

給食で野菜がでたときの大きな声で泣く行動の ABC 分析

【演習 14 の回答例】

・ヒナノちゃんが泣いたとき、「野菜、減らして」とお手本を示し、ヒナノちゃんが「野菜、減らして」と言った後に、しっかりと褒めながらお皿の上から野菜を取る

第1部 応用行動分析学の基礎

　大事なことは、**大きな声で泣く行動を強化しないで、より適切な行動を強化すること**です。回答例では、言葉で伝える行動として、「先生、開けて」と言うことや「野菜、減らして」と言うお手本を示し、ヒナノちゃんがそれらの行動を示したときに強化される関わりを行いました。

　そのほか、手を合わせて助けを求めるジェスチャーや、回答例よりも短い言葉が適切な例もあると思います。**その子どもにとっての適切な行動が起きるように促し、適切な行動が起きたときに強化するような関わりが大切**です。

第6章

分化強化

永冨大舗

1 事例と解説

（1）マラソンの時間に歩いてしまうアサヒ君

　アサヒ君は小学校の特別支援学級に在籍する2年生の男子児童です。ADHDの診断があり、多動・衝動性や不注意傾向が見られました。アサヒ君の担任の先生は、毎朝のマラソンの時間に、常にアサヒ君の様子を確認する必要があることに困っていました。マラソンの時間、先生が見ていないときは歩き始め、先生が「アサヒ君、走るよ」と言葉がけをしながら後ろから追いかけると、アサヒ君はうれしそうに走り始めます。その後、先生はアサヒ君から離れて、他の子どもの指導を行うとアサヒ君は再び歩き始めます。アサヒ君は運動が得意で、徒競走では常に上位です。どうやら、運動が苦手なことや体力がないことが原因ではないようです。

演習1 アサヒ君の歩く行動をABC分析しましょう。

ヒント 現在、アサヒ君の歩く行動が頻繁に起きている原因を考えましょう。

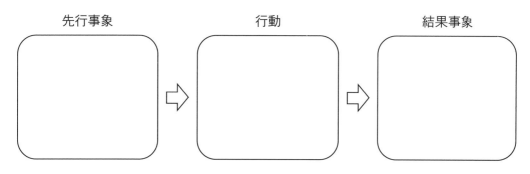

第1部　応用行動分析学の基礎

演習 2　アサヒ君の走る行動を ABC 分析しましょう。

ヒント　現在、アサヒ君の走る行動が起きていない原因を考えましょう。

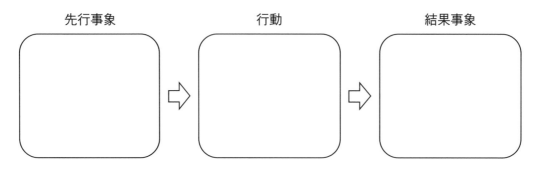

演習 3　どうしてアサヒ君の歩く行動が起きてしまうのか考えましょう。また、あなたがアサヒ君の担任の先生だとしたら、走る行動を増やすために、どのように関わるとよいのか考えましょう。

アサヒ君の歩く行動が起きてしまう原因

アサヒ君の走る行動を増やす関わり

（2）解説

　担任の先生は特別支援学級の子どものうち、走っている子どもに対して、「今日も頑張っているね」と褒めました。そして、アサヒ君が少しでも走る行動が見られたら、「アサヒ君、速いね！」と褒め、アサヒ君が走っている間は褒め続けました。このような関わりをすることで、アサヒ君はマラソンの時間に多く走るようになりました。

　また、アサヒ君が歩いているときには、視線を与えたり、言葉がけをしたりしない

で、走っている他の子どもを大きな声で褒めました。

アサヒ君の走る行動を ABC 分析しましょう。

ヒント アサヒ君の走る行動が頻繁に起きるようになった原因を考えましょう。

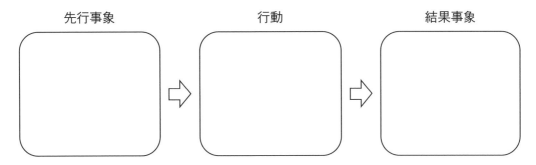

アサヒ君の歩く行動の ABC 分析をしましょう。

ヒント アサヒ君の歩く行動があまり起きなくなった原因を考えましょう。

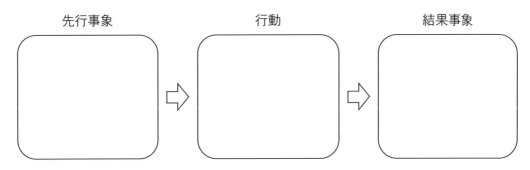

演習6 担任の先生がアサヒ君への関わり方を変えることで、走る行動が多く見られるようになった原因を考えましょう。

ヒント 歩く行動や走る行動の先行事象と結果事象にどのような変化がありましたか。また、強化、消去といった用語を用いて説明してみましょう。

第 1 部　応用行動分析学の基礎

2　分化強化とは

（1）分化強化の定義

　本章で担任の先生が行った関わり方を**分化強化**（differential reinforcement）といいます。**分化強化とは、望ましくない行動を消去しながら、望ましい行動を強化する関わり方**です。アサヒ君の歩く行動と走る行動に対する担任の関わり方の変化が分かりやすいように、改善前と改善後で示してみました。

【改善前】

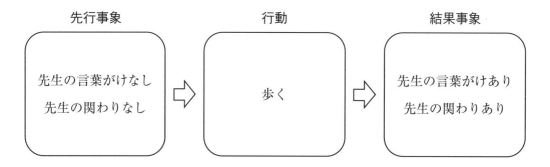

【改善後】

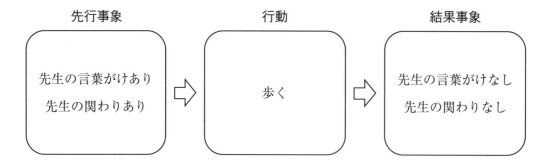

　改善前、アサヒ君に対して先生の言葉がけなどがない状況がありました。このような先行事象のときには、歩く行動が起きやすく、行動の後には先生からの言葉がけなどが随伴していました。この結果事象がアサヒ君の歩く行動を強化する好子であったと考え

68

られます。つまり、好子出現による行動の強化です。改善後では、アサヒ君に対して先生は積極的に言葉がけを行うことで、歩く行動が起きにくい状況になりました。また、歩く行動が起きたときには、走っている他の子どもを積極的に褒め、アサヒ君への言葉がけがなくなりました。この関わりは歩く行動の消去に該当します。

【改善前】

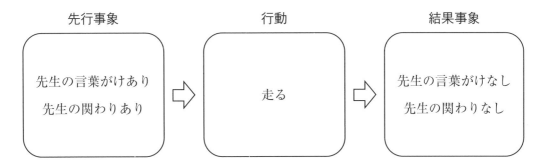

【改善後】

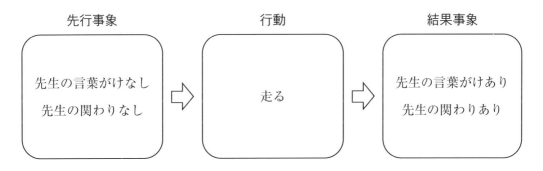

　今度は、走る行動の ABC 分析を改善の前後でみてみましょう。改善前、先行事象に先生の言葉がけがある状況では走る行動が起きていました。しかし、この行動が生じた直後、担任の先生は他の子どもの指導に移っており、アサヒ君への言葉がけがなくなりました。このように、アサヒ君の走る行動の強化が中止されました（消去されました）。改善後は、担任の先生はアサヒ君が走る行動に対して言葉がけをしました。これは好子出現による行動の強化になります。

　弱化や消去は単独で用いられることはほとんどありません。必ず望ましい行動に対する強化と組み合わせて用いられます。それが分化強化という方法になります。

(2) 様々な分化強化

ここでは、様々な分化強化について学び、指導や日常生活に応用しましょう。

1) 代替行動分化強化

代替行動分化強化（differential reinforcement of alternative behavior）は、望ましくない行動に対して消去を行いながら、その代替行動となる望ましい行動を強化する手法です。

例えば、逃避の機能をもつ頭をたたく行動のような自傷行動を起こしている子どもがいたとします。この子どもは頭をたたくことでクールダウン室へ案内され、課題から逃避することができました。しかし、頭をたたくことで課題から逃避することは社会的にも望ましい行動ではありません。そのため、休憩カードを渡す行動が起きるように先行事象を操作し、そのカードを渡すことができた場合にクールダウン室に行けるようにします。

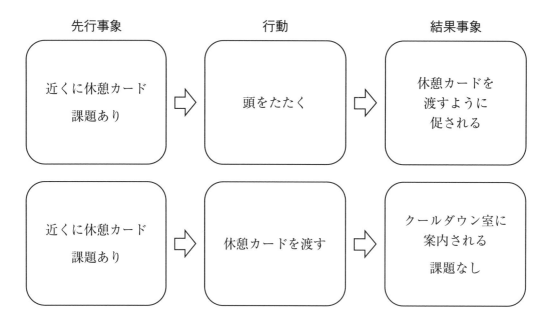

このような事例のとき、休憩カードを渡す行動が頻繁に起こり、望ましい行動である課題を行う行動が減る場合があります。この場合、休憩カードを渡してから実際にクールダウン室へ移動するまでに遅延時間を設けることが有効になります。例えば、最初は担任教師が対象児童のそばにいて、休憩カードが手渡されたら、すぐに休憩室へと移動

させます。安定して休憩カードを使用することが可能になってきたら、担任教師は対象児童から少し離れた場所にいるようにします。あるいは休憩カードの設置場所も、対象児童から少し距離のある場所に置いておきます。そのように休憩カードの使用に関する負荷（反応努力といいます）を高めることで、安易に休憩カードを用いるのではなく、一定時間、課題に従事することができるようになってきます。

2）他行動分化強化

他行動分化強化（differential reinforcement of other behaviors）は、望ましくない行動が起きていない状況に対して強化を行う関わり方です。

例えば、休み時間に友だちをからかう行動が多い子どもがいたとします。他行動分化強化では望ましくない行動をしていない時間が増えると、望ましくない行動は必然的に減少するという論理です。この子どもの担任の先生は、休み時間の終了時までにからかいを行っていなければ、トークンを与え、からかいを行っていればトークンは与えませんでした。

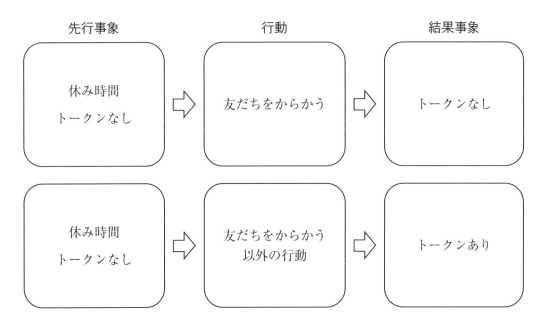

3）非両立行動分化強化

非両立行動分化強化（differential reinforcement of incompatible behavior）は、望ましくない行動と物理的に両立しない望ましい行動を強化する関わり方です。

例えば、幼稚園の自由時間に友だちを手で押す行動をしてしまう子どもがいた場合、

手を使ったあらゆる代替行動が非両立行動となります。おもちゃやお絵かきなど手をつかって遊ぶことができる環境にし、非両立行動に対して強化することが考えられます。

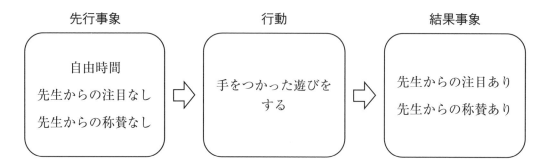

4）低頻度行動分化強化

行動が起こること自体は問題ではないが、頻度が問題になることもあります。**低頻度行動分化強化**（differential reinforcement of low rates of behavior）**は、焦点が当たっている行動がある一定の基準よりも少ないときに強化を行う関わり方**です。

例えば、難しい課題に対して援助を求める行動は、あまりに頻度が多いと不適切な状態になります。その場合は、援助を求める行動は授業中に5回までとし、その行動が生じたときには黒板にその回数を示します。そして、5回までは援助を行う一方で、6回目からは援助を行わない関わり方をします。仮に援助なしで課題に取り組めた場合には、しっかりと強化することが大事になります。

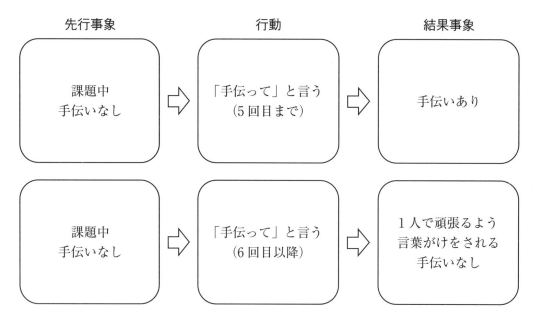

5）高頻度行動分化強化

高頻度行動分化強化（differential reinforcement of high rates of behavior）は、焦点が当たっている行動がある一定の基準よりも多いときに強化する関わり方です。

例えば、作業学習の時間では決められた時間内で、丁寧で多くの作業を行うことが求められることもあるでしょう。その場合、決められた時間になったときに10個未満の製作物を作る行動は消去され、10個以上の製作物を作る行動に対して褒めるようにします。事前に子どもと目標を話し合って決めたり、目標や製作した数、残りの時間などを視覚化できるようにするといった工夫も有効かもしれません。

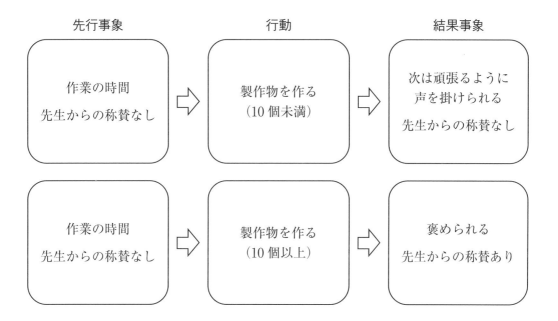

演習7 上記の例を参考に、分化強化の例を考えましょう。行動はあなた自身でもよいですし、身近な人でもよいです。できたら近くの人と回答を共有しましょう。

第1部　応用行動分析学の基礎

【望ましくない行動】

【望ましい行動】

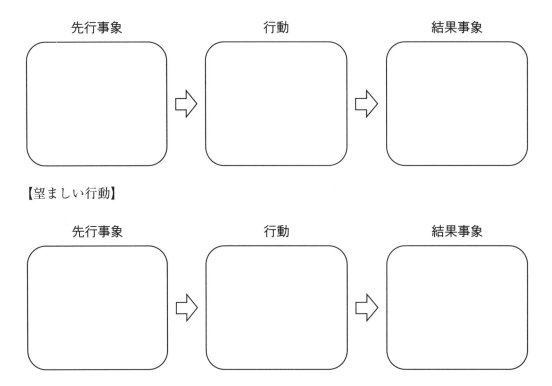

（3）友だちのおもちゃを取るレン君

　レン君は幼稚園の5歳児クラスに在籍する男の子です。診断はありませんが、衝動性が強く、発語よりも先に手が出てしまいます。特に保育所の先生が困っているのは、友だちの玩具を取ることです。最も多く見られるのが延長保育の時間で、レン君の好きなブロックで遊んでいる時間です。ブロックはたくさんあるのですが、レン君の作りたい作品のために必要なブロックを友だちが持っていたら、何も言わずに取ってしまいます。びっくりした友だちが取り返そうとすると、レン君は押し返してトラブルになってしまいます。

　レン君は発語に遅れはなく、日常生活に問題はありません。レン君がブロックを取った後、先生は「取ってはダメだよ」、「なんて言うの？」と尋ねていますが、レン君は「貸して」と言いながら、その場を離れてしまいます。レン君が玩具を友だちから取る前に、「貸して」と言う行動が起きたことは今までありません。

第 6 章　分化強化

演習 8　現在の友だちの玩具を取る行動の ABC 分析をしましょう。

ヒント　現在、レン君の友だちの玩具を取る行動が頻繁に起きている原因を考えましょう。

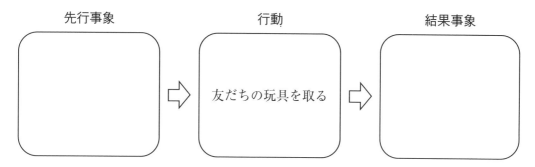

演習 9　レン君の友だちの玩具を取る行動が減り、「貸して」と言う行動が起きるように、あなたならどのように関わりますか。分化強化を意識して、改善後の ABC 分析をしましょう。

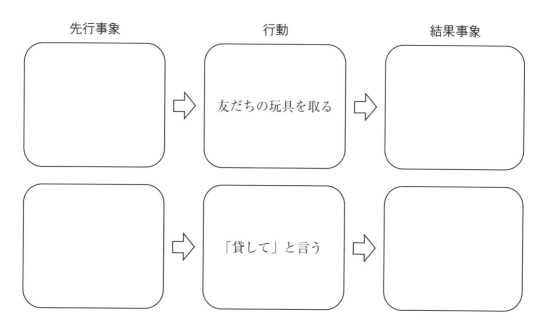

第6章のまとめ

★望ましくない行動が起きたとき、望ましい行動に目を向け行動を強化することで、望ましくない行動を減らすことができる。

★分化強化には、代替行動分化強化、他行動分化強化、非両立行動分化強化、低頻度行動分化強化、高頻度行動分化強化がある。

> **専門用語のまとめ**
>
> ・**分化強化**（differential reinforcement）：望ましくない行動を消去しながら、望ましい行動を強化する関わり方。
> ・**代替行動分化強化**（differential reinforcement of alternative behavior）：望ましくない行動に対して消去を行いながら、その代替行動となる望ましい行動を強化する手法。
> ・**他行動分化強化**（differential reinforcement of other behaviors）：望ましくない行動が起きていない状況に対して強化を行う関わり方。
> ・**非両立行動分化強化**（differential reinforcement of incompatible behavior）：望ましくない行動と物理的に両立しない望ましい行動を強化する関わり方。
> ・**低頻度行動分化強化**（differential reinforcement of low rates of behavior）：焦点が当たっている行動が一定の基準よりも少ないときに強化を行う関わり方。
> ・**高頻度行動分化強化**（differential reinforcement of high rates of behavior）：焦点が当たっている行動が一定の基準よりも多いときに強化を行う関わり方。

【演習7の回答例】

【望ましくない行動】

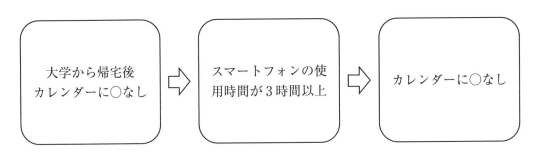

【望ましい行動】

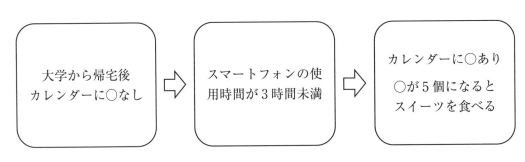

帰宅後、ついスマートフォンを長く触ってしまい、寝る時間が遅くなってしまったり、課題の提出が遅れてしまったりする場合には、制限時間を設定する方法があります。大学から帰宅後、スマートフォンを使用している時間を計測してくれるアプリケーションを起動します。就寝前に使用時間が3時間未満であれば、カレンダーに○をつけ、5個になるとスイーツを食べることができるとルールをつくることで、望ましい行動を増やすことができます。

【演習8の回答例】

　レン君の友だちの玩具を取る行動は、ブロックが足りなくて、友だちが欲しいブロックを持っているという先行事象が行動を起こさせるきっかけとなっていると予想できます。また、欲しいブロックが手に入るという結果事象が、友だちの玩具を取る行動を強化していると考えられます。好子出現による行動の強化です。

【演習 9 の回答例】

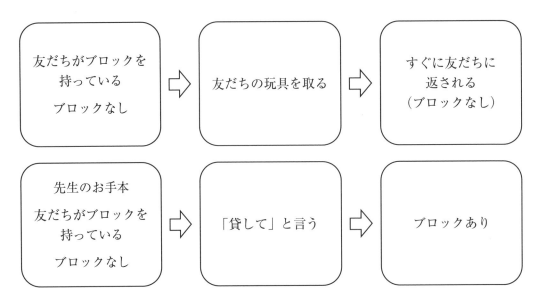

　改善策の例として、友だちの玩具を取る行動が消去されるように、ブロックが手に入らないようにしました。そして、先生は「貸して」と言う行動のお手本を示し、レン君の「貸して」と言う行動を促します。友だちが許可をしたらレン君はブロックを手に入れることができました。好子出現による行動の強化です。

　しかし、この例の場合、レン君はブロックを返されるので、情緒的問題が生じ、泣く行動やたたく行動が見られる可能性もあります。そのため、様々な場面で物を借りるときには「貸して」と言う行動が起きるように練習することも有効です。例えば、工作の時間を利用して、教材・教具の貸し借りを行う機会を設定することが考えられます。事前にお手本を示すといった先行事象を整えることで、「貸して」と言う行動が起きるようになり、行動が強化される経験を増やすことができます。

　また、友だちが許可をしない可能性もあります。そのときは、レン君に他のブロックで遊ぶ行動や「後で貸してね」とお願いをする行動を教える必要があります。これらの関わりがうまくいかない場合は、ブロックが足りないという先行事象が起きないように、ブロックの数を増やすなど環境を調整する必要があります。

第 7 章

刺激性制御

丹治敬之

1 事例と解説①

（1）大根の葉をきれいに切りたいマサルさん

　マサルさんは特別支援学校高等部に在籍する1年生の男子生徒で、ダウン症の診断が
あります。マサルさんは、農耕班の作業学習で大根の収穫を担当しています。収穫され
た様々な大きさの大根を水で洗い、葉部分を適当な長さで切り落とす作業が求められて
います。しかし、葉部分を適当な長さで切ることがうまくできずに、担当の先生に指示
を受けたり、修正されてやり直しをしたりする機会が多くあります。マサルさんは、
「大根の葉をきれいに切りたい」という目標を作業日誌に書いて頑張っていますが、な
かなかうまくいきません。作業には一生懸命取り組んでいるため、やる気がないわけで
はなさそうです。ときどきうまく切れて、先生が気づいたときは「うまくいったね、そ
の調子」「お～、きれいに切れたね」と褒める言葉がけをします。一方で、うまくいか
なかったときは、「（切りすぎてしまったときは）これは切りすぎだから、だめだな。な
んでだと思う？」と注意や問いかけがあったり、「（切る長さが足りないときは）もう
ちょっとこのくらい切ろうか」とやり直しを求められたりします。

79

演習1 マサルさんの大根の葉を短く／長く切る行動の先行事象、結果事象を考えましょう。

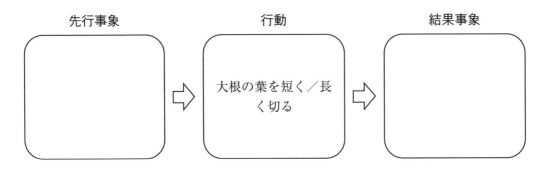

演習2 なぜ、マサルさんが大根の葉を短く／長く切る行動が起きてしまうのか。現状の先行事象と結果事象の問題点を整理しましょう。

先行事象の問題点	結果事象の問題点

あるとき、先生は次のように言葉がけをしました。それは、失敗をしたあとに「マサルさん、このくらいで（指で適当な長さで作って）切ってごらん」という言葉がけでした。続けて先生はこう言います。「マサルさん、まずは自分の指で作ってごらん」と指示し、マサルさんは指で適当な長さの間隔を作ってみたところ、先生が「そうそう、そんな感じ。その長さで切ってごらん」と言葉がけをしました。その後、指を使って、長さを確かめてから切る様子が見られ、以前より精度が増して、上手に切れるようになりました。それを見たときには、先生は「おお！これはうまいね！その調子！」と褒めると、マサルさんは得意気な顔でとてもうれしそうです。その後も、適当な長さで切る行動ができるようになり、先生が褒める、マサルさんが笑顔になる、ということが増えました。

しかし、次の日、その次の日と経過すると、うまくいき始めたときほどの精度ではなくなり、だんだんと上手に切れるときと、上手に切れないときが生じるようになりまし

た。よく観察してみると、長さの感覚をうまくつかめていないようでした。

演習3 なぜ、マサルさんの適当な長さで切る行動が起こるようになったのでしょうか。ABC分析で考えましょう。

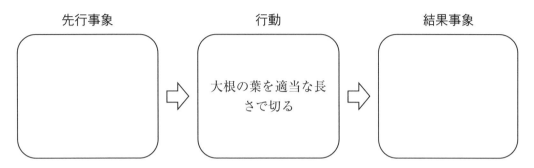

演習4 マサルさんの葉を短く／長く切る行動のABC分析と比較したとき（演習1で作成した図を参照したとき）、葉を短く／長く切る行動のときには「ない」もので、適当な長さで切る行動のABC分析の先行事象、結果事象に「ある」ものを考えましょう。

先行事象に「ある」もの	行動	結果事象に「ある」もの
	大根の葉を適当な長さで切る	

　その様子見た担任の先生は、次のようなことを考えました。先生は、長さの感覚や切るときのコツをつかむことが難しいと判断し、残してほしい大根の葉部分の長さが分かるような、視覚支援ツールを考えました。先生は、はじめにその使い方をマサルさんに見せました。それを見たマサルさんも、これならできそうだと思ったのか、そのツールを使ってみました。すると、安定して適当な長さで切る行動ができるようになりました。先生から注意されたり、やり直しを求められたりすることはなくなり、むしろ先生から認められたり、褒められたりすることが増えました。そのようなことが重なり、マサルさんはとても自信に満ちた表情を見せていました。その次の日も、また次の日も、

第1部 応用行動分析学の基礎

マサルさんは、作業を始めるときには当たり前のようにツールを自分で準備するように
なり、上手に切ることが安定するようになりました。

演習 5 先生の関わりによって、マサルさんは適当な長さで切る行動ができるようにな
りました。それはなぜでしょうか。先行事象、結果事象の変化から説明しま
しょう。

先行事象、何が変わったか？	結果事象、何が変わったか？

（2）解説

　マサルさんの例では、「あるもの」が適当な長さで切る行動をするために必要であ
り、その結果、マサルさんがやりがいを感じたり、先生に褒められたり、認められたり
することがもたらされています。まさに、その「あるもの」が行動を起こすために必要
な「環境」になっていることが分かります。このように、刺激Xがあると行動Yが生
じる（あるいは、生じる確率が高まる）ようになり、刺激Xがない状況、あるいは刺
激Xとは別の刺激Zがあるときに、行動Yが生じない（生じにくい）としたとき、行
動Yを喚起する刺激Xのことを**弁別刺激**（discriminative stimulus）といいます。さら
に、弁別刺激がある行動を喚起する（引き起こす）ようになる現象のことを、**刺激性制
御**（stimulus control）といいます。マサルさんの先生が、視覚支援ツールを用意した
ことは、適切な長さで切る行動の弁別刺激となる環境を整えたことになります。そして
結果的に、支援ツールのもとで、マサルさんの適切な長さで切る行動ができるように
なっているため、刺激性制御が生じている、ということがいえるのです。

82

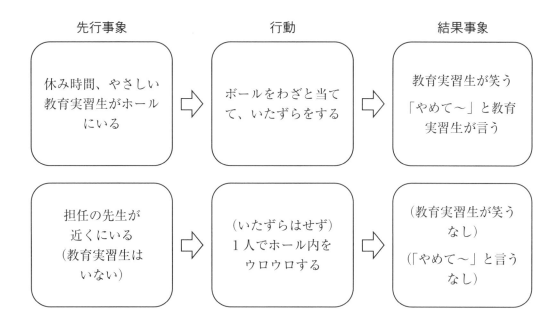

　弁別刺激の有無で行動が起きるかどうかが大きく変わってくる場合、「If…、then〜」で考えてみると分かりやすくなります。例えば、上の例で、「もし（If）、教育実習生がいたら、いたずらをして、その後に（then）、教育実習生が笑う、『やめて〜』と嫌がる」という「行動の流れ」を記述できるかと思います。行動の「If…、then〜」を捉えることで、目の前にいる人の行動の弁別刺激を「創造（想像）」することにつながります。行動の先行事象のうち、弁別刺激を操作・整備したりすることは、その人の行動に必要な環境をイメージ（想像）したり、創り上げていく（創造していく）ことになるのです。

2 事例と解説②

（1）自分のペースで過ごしたいリカさん

　リカさんは特別支援学校中学部に在籍する1年生の女子生徒です。小学校は特別支援学級に在籍していました。知的障害とASDの診断があり、はじめてのことや切り替え場面で不安を感じやすい生徒です。自分のペースで過ごしたい気持ちが強く、先生からタイミング悪く指示が出されたり、自分がしたいと思えないことを指示されたりすると、大きな声を出して逃げ出したり、自分の腕を噛んだりするなどの拒否行動を示すこ

第1部　応用行動分析学の基礎

とがあります。入学間もない4月当初のある時期、担任の先生との信頼関係ができていないことも影響して、休憩時間や活動の合間に、「トイレに行っておこうか」と声を掛けたり、下校のときに「さようなら」と先生が声を掛けたりしたとき、大きな声を出して逃げ出したり、腕を噛むなどの行動がみられます。特に下校時は、これから帰宅するタイミングでパニックになるため、スムーズに帰宅することが難しくなり、困ってしまうことがよくありました。ある日、先生は人から指示されるのが嫌なのかもしれない、と考え、先生がリカさんにしてほしいことを、写真カードや文字カードにして、リカさんに渡してみました。それでも、リカさんはまた同じような拒否行動をします。さらには、文字が印字された紙を破いてしまいました。先生たちもどのように関わっていけばいいか、悩んでいました。

演習6　リカさんの大きな声を出して逃げ出す行動、自分の腕を噛む行動をABC分析しましょう。

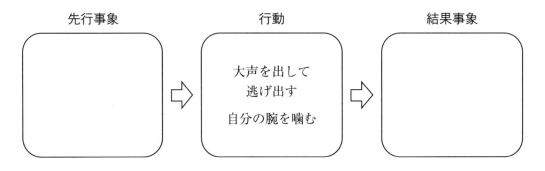

　先生は、リカさんと信頼関係を築く必要があると考えました。そのためには、一方的に指示をするのではなく、リカさんと先生との間で、楽しい時間を共有したり、安心できる時間を過ごしたりすることが必要でした。先生は、小学校からの引き継ぎ、母親からの聞き取り、本人の様子から、好きなこと、興味関心のあることを探しました。すると、リカさんはとても好きなキャラクターがいたり、最近お気に入りのCMフレーズがあったりするということが分かりました。試しに帰りの挨拶場面で、CMのフレーズをアレンジして「♪さようなら〜」と言うと、リカさんはこれまで見せた拒否行動は見せずに、むしろニコニコ笑顔でうれしそうにしていました。先生も笑顔になり、喜びを共有している瞬間が生まれたのでした。その瞬間は、これまで先生とリカさんの間でなかなか味わえていなかったものでした。ほかの場面でも、好きなキャラクターを登場さ

せたり、CM フレーズをアレンジしたりすると、リカさんはとてもうれしそうです。その後、大きな声を出して逃げ出す行動、自分の腕を噛む行動は少しずつ見られなくなり、「○○（先生が言ったフレーズを真似る）」や、「□□（好きなキャラクターの名前）だね～」と言う行動が見られるようになりました。そのとき、リカさんはとても満足そうな表情で、先生と一緒に笑顔になったり、先生に近づいて関わろうとしたりします。

　徐々に、先生とリカさんの距離が縮まっていったところで、先生は次なる手を打ちます。それはリカさんにとって指示されてからするのではなく、自分から楽しく挨拶をすることを目指した一手でした。先生は、これまでリカさんと楽しんでいた CM フレーズの言葉と好きなキャラクターが描かれたカードをラミネート加工して、先生のポーチにぶら下げることにしました。大好きな CM フレーズ＆キャラカードです。先生は「指示している」というそぶりは見せないように、「さりげなく」を装いながらもリカさんに近づきます。すると、リカさんはすぐにそのカードの存在に気づきます。リカさんは、カードをすばやく手に取り、大きなリアクションで笑い、そしてカードを見つめながら、先生と笑顔でやりとりをする時間が生まれたのです。すっかり先生とのやりとりもできるようになり、先生と挨拶をする抵抗感も低くなっているようでした。とうとう、帰りの挨拶の場面の時間です。帰りの会をする教室や下駄箱でも、そのカードを見つめています。うれしそうな様子のリカさんを見て、先生が「♪さようなら～」というと、リカさんも笑顔で「♪さようなら～」と言ったのでした。先生は飛び跳ねるくらいうれしくなり、思わずいつもより元気いっぱい、笑顔いっぱいに挨拶をしてしまいました。

第1部　応用行動分析学の基礎

演習7 リカさんの挨拶する行動の弁別刺激と刺激性制御を説明しましょう。さらに、挨拶する行動の好子とは何かを考え、演習6のABC分析と比べて、先生の関わり方、先生とリカさんの関係、リカさんの行動が、どう変わったのかを話し合いましょう。

刺激性制御：

何が変わったか：

（2）解説

　リカさんの事例では、はじめは先生の言葉がけが大きな声を出して逃げ出す、自分の腕を噛む行動のきっかけになってしまっていました。そして、先生の直接的な言葉がけではないものの、「先生のしてほしい」を示した文字カードや写真カードも同様で、指示を拒否する行動を喚起し、さらにはカードや紙を破る行動までも生起させるきっかけになってしまっていました。しかし、「リカさんのしたい」を喚起する先生の関わりは、先生に近づく、先生と一緒に笑う行動のきっかけになっていたのです。さらに、先生の「リカさんのしたい」と「先生のしてほしい」がうまく調和された、先生が工夫を凝らして用意したカードは、リカさんの挨拶をする行動を起こすスイッチになったといえます。まさに、「行動のスイッチ」を入れるような教材と先生の関わりが、リカさんの挨拶をする行動を喚起する刺激（弁別刺激）になった例といえるでしょう。

　「行動のスイッチ」は、行動を喚起する作用だけではなく、行動の後に生じる「好子」の予告をしたり、新たな好子を生み出したりする作用があるとも考えられます。リカさんは、CMフレーズ＆キャラカードを見ながらニヤニヤと笑ったり、キャラの名前やフレーズを言ったりして、先生と一緒に楽しむ様子が見られました。その後は、カードを見ると、先生との関わりを期待するかのような表情を見せていました。しかも、そのような「好子」は先生との今までの関わりになかった、「新たな好子」になったのです。

86

このようなエピソードからも、弁別刺激は行動を喚起させる作用だけではなく、「好子」の存在やその入手可能性を知らせる作用や、今まで生じていなかった「新たな好子を生み出す」きっかけにもなりうるといえるのです。

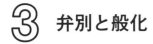 弁別と般化

(1) 弁別

　刺激性制御では、刺激Xがあるときに行動Yが起きて（起きやすく）、刺激Xがないときには行動Yは起こらない（起こりにくい）、ということを指します。このとき、刺激Xであるかどうかを弁別して行動を起こしていることになります。では、刺激の弁別可能性を高め、刺激性制御を成立させるために、どのような点がポイントになるでしょうか。

1）注意・観察行動

　刺激性制御を成立させるためには、刺激に対して、「注意を向ける」「観察する」行動が前提となります。先生の指示や説明に耳を傾ける、教材に注目する、ポイントとなる箇所を見つけるなどは、理解したり、考えたり、答えたりするためには必要な要素となります。例えば、「いち」の漢字を探す問題のときには、「いち」を見てから、漢字の「一」「二」「三」を見比べて、「一」を探します。このことからも、注意を向ける、観察する行動ができることは重要になります（図7-1）。

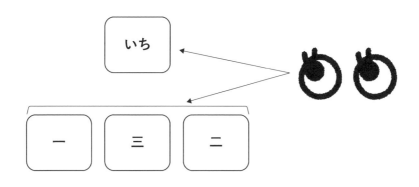

図7-1　「注意を向ける」「観察する」行動

第1部　応用行動分析学の基礎

2）刺激の明瞭度

　刺激性制御が成立するためには、刺激が行動をする人にとって「取り込みやすい」ことが重要になります。取り込みやすいとは、刺激が他よりも「目立っている」「はっきりとしている」「分かりやすい」ということです。つまり、刺激が明瞭であれば、行動を喚起する機能は高まります。例えば、注目してほしい箇所を色チョークで目立たせたり、文章題の文章を小分けにして提示したりすることは、ノートに書く行動や文章を読む行動に対して、刺激の明瞭度は高まっているといえるでしょう。ただし、その人にとって行動を喚起する作用をもつ刺激になっているかどうか、刺激が明瞭であるかどうかは、個人の感覚、これまでの履歴、そのときの環境に依存します。したがって、書く力が弱いために板書を写すことができなかったり、たくさんの失敗を繰り返してきたために先生の指示に注目できなかったりということがあります。あるいは、部屋の中が片付いていないために、読む、書く、計算する、推論するといった行動が伴う宿題ができなかったりするかもしれません。そのため、その人にとって、どのようにしたら、期待する行動の刺激性制御が生じるのかを考えながら、環境調整を工夫することが求められるわけです。

3）刺激の妨害

　刺激性制御が成立する過程において、弁別刺激がもつ行動を喚起する作用が十分に働かないときがあります。それは、他の刺激が邪魔をする場合です。例えば、先生が説明しているときに、話を聞く行動ができているときもあれば、できていないときがあるとします。できていないときは、もしかしたら、他の刺激（例えば、他の子がしゃべっていた、別の教室から楽器の音がした、校庭で体育をしているのが見えた）が邪魔をしていたかもしれません。あるいは、先生が発する刺激（例えば、説明の仕方、指示の出し方、板書の仕方など）の明瞭度が低くなっていたり、注目・観察行動が起こりにくい状況になっていたりしたのかもしれません。このように、教室のなかの様々なことが、期待する刺激性制御を妨げる場合が考えられるため、①物理的環境を再考する（例えば、座席を考える、教室の掲示物を整理する）、②先生の教授行動の量・質・タイミング・速度を強めたり、弱めたり調整する（例えば、声のメリハリをつける、話し合いの機会を多くとる、課題の量や難度を調整する）などの工夫が必要になります。

（2）般化

　刺激性制御は、特定の刺激の下でしか、行動ができないわけではありません。ある行動がある刺激の下でできるようになった後、新しい場面や状況でも同じような行動ができたとき、**般化**（generalization）が生じたことになります。例えば、事例②のリカさんが、CM フレーズ＆キャラカードを持って、同じクラスの別の先生に挨拶をされても挨拶ができた場合は、般化が生じたといえます。この例では、場面が変わっても CM フレーズ＆キャラカードがあるという点で共通していること、そして、同じクラスの先生という類似性があることが分かります。このように、弁別刺激と似ている刺激の下でも、同じような行動ができるようになることを、**刺激般化**（stimulus generalization）といいます。刺激般化が起こるポイントは、刺激の共通性や類似性です。般化が起こらない場合、この刺激般化の考え方で、環境を捉え直してみると、刺激の共通性や類似性が低いことに気づくかもしれません。

第 7 章のまとめ

★行動の弁別刺激を創造（想像）し、行動のスイッチを入れる。

★「子どものしたい」と「先生のしてほしい」をすり合わせる。

★般化の難しさを刺激般化で捉えてみる。

専門用語のまとめ

・**弁別刺激**（discriminative stimulus）：行動 Y を喚起する作用をもつ刺激 X のこと。

・**刺激性制御**（stimulus control）：刺激 X 以外の刺激 Z があるときは行動 Y が起きない（起こりにくい）が、刺激 X があるときには行動 Y が起こる（起こりやすい）こと。

・**「If…、then 〜」**：「もし○○（弁別刺激）があるときに、ある行動が起きて、そのときに（then）□□になる」のように、弁別刺激と行動と結果事象の関係を考えるときのフレーズ。

・**行動のスイッチ**：行動を喚起するものや、行動の後の好子を予告したり、入手可能性を知らせたりするようなもの（弁別刺激）を表すたとえ。

・**刺激般化**（stimulus generalization）：弁別刺激と似ている刺激の下でも、同じような行動ができるようになること。

第1部　応用行動分析学の基礎

【演習1の回答例】

先行事象

・様々な大きさや長さの大根

・大根の葉部分

・作業学習で適当な長さで切るように指示がある

結果事象

・「もうちょっとこのくらい切ろうか？」の声掛け

・「切りすぎ。だめだな。なんでだと思う？」の声掛け

・やり直しがある（うれしい、楽しい話）

【演習2の回答例】

先行事象の問題点

・適当な長さの感覚が分かるような手がかりがない

・指示が曖昧

・大根の葉をどのくらいの長さで切ってよいか分からない

結果事象の問題点

・達成感や充実感が得られる状況が少ない

・褒められる、認められる機会が少ない

【演習3の回答例】

先行事象

・長さが分かる視覚的手がかりあり

・指で長さの間隔を作る指示あり

結果事象

・褒められる、認められるあり

・できた達成感あり

第 7 章　刺激性制御

【演習 4 の回答例】

先行事象に「ある」もの

・具体的な指示あり

・長さの間隔が分かる手がかりあり

・視覚支援ツールあり

結果事象に「ある」もの

・褒められる、認められるあり

・自信に満ちた表情あり

【演習 5 の回答例】

先行事象、変わったこと

・自分で気がつけるツールが用意されたから

・長さの感覚が分かりにくいために行動ができなかったことに先生が気づき、行動
　を起こすために必要な環境を用意したから

・視覚支援ツールを自ら準備するほど、作業意欲や自信をもてるようになったから

結果事象、変わったこと

・大人からの注意や促し、やり直しが減ったことで、安定して「できた」経験を積
　めるようになったから

・自分で動けること、うまく切れるようになったことで、自信に満ちた表情がでる
　ようになったから

・認められる、褒められる機会が増えていったから

【演習 6 の回答例】

先行事象

・入学間もない 4 月で、先生とリカさんの信頼関係が不十分

・先生からの「トイレに行っておこうか」など、「○○しましょう」の指示

・「さようなら」などの挨拶の言葉がけ

・タイミングの悪い指示

第1部　応用行動分析学の基礎

・不安、イライラ、緊張感がある

結果事象

・指示された活動や課題からの回避や逃避

・イライラ、不安、緊張の逃避

【演習7の回答例】

刺激性制御

弁別刺激：好きなCMのフレーズ、ラミネート加工されたイラストカード

行動：「♪さようなら〜」と挨拶する

好子：好きな物、できたことを先生と共有。好きなことを楽しむ時間あり

何が変わったか

・先生の指示する関わりから、好きな物を通して本人がやってみたいと思える関わり方へと変わったこと

・先生とリカさんが好きなこと、できたことうれしさや楽しさを共有できる関係になっていった

・リカさんは先生へ接近したり、カードを見たり、CMフレーズを言ってみたりする行動が出るようになった。笑顔や満足そうな表情も出るようになった

92

第8章

プロンプト

髙橋甲介

1 事例と解説①

（1）言われてから動くサチコさん

　サチコさんは小学校の特別支援学級に在籍する2年生の女子児童です。知的障害とASDとADHDの診断があります。サチコさんの特別支援学級は彼女を含め6名の子どもが在籍しています。サチコさんは、1年生のときから特別支援学級に在籍していますが、自分から授業の準備をしたことが一度もありません。6名の子どもが在籍し、学年も分かれていて交流学級に行く時間も違うので担任の先生も忙しく、先生が個別に指示を出すまで遊び続けたり、ぼーっとしていたりします。その結果、チャイムが鳴ってもすぐに授業が始められなかったり、交流学級の授業に遅れたりすることがあります。特別支援学級や交流学級での授業や活動に関しては、特に嫌がる様子はなく、授業準備に関しても先生が近くに来て個別に指示を出せば、抵抗することなく筆箱や指示された教科書やノートを机から出して準備できます。ただ体育の授業準備に関しては着替えがまだ上手ではなく、体操服の下に着ている肌着の裾がズボンからいつもはみ出た状態になっています。担任の先生はそれを見ると「シャツをズボンに入れて」と毎回言葉がけをし、サチコさんも肌着の裾を入れようとするのですがうまくできません。できないので最終的には先生が入れてあげて体育の授業に行くのですが、サチコさんも少し悲しそうな様子です。担任の先生は学級の子ども全員にチャイムが鳴り終わる前には授業の準備を済ませておくようにたびたび言っているのですが、そのようにできているのは学級の子どものごくわずかです。サチコさんも2年生になり、学習や交流の活動自体には意欲的なので、1人で授業準備ができるようになればと担任の先生は考えています。

93

第1部 応用行動分析学の基礎

演習1 担任の先生は、サチコさんに自分で授業準備行動を身につけてもらいたいと考えています。担任の先生は、サチコさんが授業準備行動をしたら、大きく称賛して強化しようと考えました（サチコさんは先生に称賛されることが大好きです）。担任の先生はまず、サチコさんの授業準備行動を、「先行事象」「行動」「結果事象」の三項随伴性で以下のように考えました。そして、その行動が生起し、強化する機会を待ちました。しかし、この方法ではサチコさんが授業準備行動を学習し、その行動が増加する可能性は少ないです。それはなぜか考えましょう。

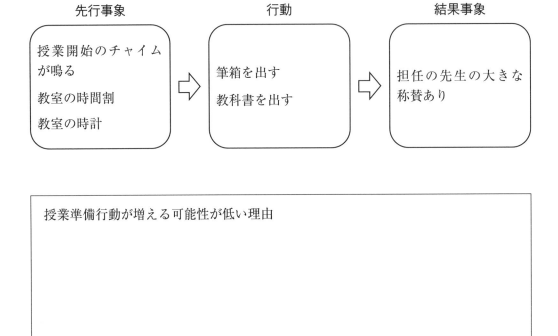

授業準備行動が増える可能性が低い理由

担任の先生は、サチコさんが目標とする行動を行う機会を1週間待ちましたが、結局そのような機会はありませんでした。理由はサチコさんにとって、授業準備行動は、今までしたことがない「新しい行動」だったからです。新しい行動はただ待っていても生起しません。従って、この行動を強化のみで増やすことは難しいのです。

新しい行動をただ待っていても強化できない。これらの結果を受けて、担任の先生はやり方を変えることにしました。まず、時間割を大きく目立ちやすくし、さらに時間割のもうすぐ始まる時間の場所の横に矢印の描かれたマグネットを置くようにしました。

第 8 章　プロンプト

時計は時間割の近くに置くようにしました。そして、授業開始のチャイムが鳴ったとき
に、担任の先生がサチコさんに矢印マグネット付きで拡大された時間割を指差ししながら、「チャイムが鳴ったら筆箱とこの時間の教科書を出しましょう」と指示をしました。そうすると、サチコさんはチャイムが鳴り終わるまでに筆箱とその時間に使う教科書とノートを出すことができました。担任の先生はサチコさんを大きく称賛しました。このような支援を 3 日間継続した結果、サチコさんはほぼ100%、チャイムが鳴り終わるまでに授業準備行動ができるようになりました。

演習
2
担任の先生は、サチコさんが授業準備行動を強化するよう、三項随伴性で具体的に定義しましたが、「新しい行動」だったので、この行動を強化することができませんでした。そこで担任の先生は、授業準備行動が起きやすいような「促し」の工夫を行いました。担任の先生が行った「促し」の工夫を、「先生のその場の言動による促し」と「刺激の変更や追加による促し」に分類しましょう。

先生のその場の言動による促し	刺激の変更や追加による促し

・時間割を拡大しておく　　　　　・チャイムが鳴ったときに指示をする
・時間割を指差しする　　　　　　・矢印マグネットを置いておく
・時計を時間割に近づけておく

　「促し」ありでサチコさんは授業準備行動が安定してできるようになったので、担任の先生は「促し」をなくしてみようと考えました。いきなり全ての促しをなくしてしまうと、以前の状態に戻ることは予想できたので、先生はチャイムが鳴ったときの指示の際に、時間割を指差しすることをまずやめてみました。すると、サチコさんは指差しがなくても指示があれば時間割を見て、チャイムが鳴り終わる前に授業準備行動をすることができました。担任の先生はサチコさんのこの行動を大きく称賛しました。担任の先生は次に、チャイムが鳴ったときの指示をなくしてみました。すると、サチコさんの授

95

第1部　応用行動分析学の基礎

業準備行動は激減してしまいました。そこで担任の先生は再度チャイムが鳴ったときに指示を行うようにし、サチコさんが再び安定して授業準備行動をするようになったら、今度は最初から全ての指示をなくすのではなく、指示の量や強さを段階的に減らすようにしてみました。最初の段階では、サチコさんの近くに行って「チャイムが鳴ったら……」と指示をするようにしました。それでもサチコさんは何をするか理解し、ほぼ100％授業準備行動をすることができました。その後、各段階でできることを確認しながら、遠くから「チャイムが鳴ったら……」と指示する、遠くから「チャイム……」とつぶやく、遠くからチャイムが鳴ったときに「あっ……」とつぶやく、チャイムが鳴ったときに指示をしない、というように段階的に指示の量や強さを減らしました。このような段階を設けることにより、サチコさんは先生の指示なしでチャイムが鳴ったら授業準備行動ができるようになりました。担任の先生は続いて、時間割の矢印マグネットをなくしてみました。すると、チャイムが鳴って授業準備行動をするのですが、出す教科書やノートを間違う様子がしばしばみられるようになりました。そこで担任の先生は、時間割の全ての時間間隔に、その時間間隔が何時何分から何時何分までかの時間を書き込むようにして矢印マグネットを再び提示するようにしました。サチコさんが再び安定して正しく授業準備行動をするようになったら、矢印マグネットを再びなくしてみました。すると以前よりは出す教科書やノートを間違うことが少なくなりました。サチコさんが間違った教科書やノートを出そうとしたときは、時間割と近くの時計を指差しして今の時間に注目するよう促しました。しばらくこの対応を続けると、サチコさんはほぼ時計と時間割を見比べ、間違うことなくその時間の教科書やノートを出すことができるようになりました。次に担任の先生は時間割をもとの大きさに戻してみましたが、サチコさんは以前の大きさの時間割でも正しく授業準備行動ができました。最後に時計の場所をもとの場所に戻しましたが、サチコさんは出す教科書とノートをまた間違える様子がみられるようになりました。そこで、担任の先生は時計を時間割の横に戻し、今後はいきなりもとの場所に戻すのではなく、徐々にもとの場所に戻していくようにしました。そうすると、時計がもとの場所に戻っても、サチコさんは時計と時間割を見比べてほぼ100％授業準備行動をすることができました。時間割に書き込んだ時間については、他の子どもにも分かりやすいと評判がよかったので、担任の先生はそのままにしておくことにしました。

96

第8章　プロンプト

演習3　下の図は、サチコさんの授業準備行動の三項随伴性に、担任の先生が行った「促し」を加えたものです（「＋○○○○」と書かれています）。担任の先生が「促し」をなくしていった順番を括弧内に書きましょう。また、促しをなくすことに最初失敗したものを3つ文中から探し、それぞれどのような段階を作って促しをなくしていったかをまとめてみましょう。

先行事象	行動	結果事象
授業開始のチャイムが鳴る 時間割 教室の時計 ＋時間割を拡大しておく（　　　） ＋矢印マグネットを置いておく（　　　） ＋チャイムが鳴ったときに指示する（　　　） ＋指示をするときに時間割を指差す（　　　） ＋時計を時間割に近づけておく（　　　）	筆箱を出す 教科書を出す	担任の先生の大きな称賛あり

（　　　　　　　　）
（　　　　　　　　）
（　　　　　　　　）

（2）解説

1）プロンプトとその分類

　サチコさんの事例のように、指導の目標とする行動を三項随伴性で具体的に定義できたとしても、それがサチコさんにとって「新しい行動」の場合、この行動が生起したときに強化する手続きだけで目標とする行動を増やすことは困難です。このようなときは、目標とする行動が生じやすくなるような「促し」を用います。応用行動分析学では、このような「促し」を「**プロンプト（prompts）**」と呼びます。プロンプトとは、「目標とする行動が、目標とする弁別刺激（第7章参照）の下で生じないときに、その行動を促したり誘導したりする、行動に先行する刺激」と定義されています（Madden et al., 2021）。サチコさんの事例の場合、目標とする行動は「筆箱とその時間の教科書・

97

第1部　応用行動分析学の基礎

ノートを出す行動」、目標とする弁別刺激は「授業開始のチャイムが鳴り、時計と時間
割が提示されている刺激状況」となります。そして、「時間割を大きくする」「時間割に
矢印マグネットを置く」「時間割の近くに時計を置く」「時間割を指差しする」「チャイ
ムが鳴ったときに授業準備をするように指示をする」が、目標とする行動を促すプロン
プトとなります。

　プロンプトは大きく2つの種類に分けることができます。1つめは他者のその場の行
動による促しで、これを「**反応プロンプト（response prompts）**」と呼びます。反応プ
ロンプトは、言葉がけなど他者の言語によるプロンプト（言語プロンプト）、指差しや
ジェスチャーなど他者の身ぶりによるプロンプト（身ぶりプロンプト）、実際にやって
見せるなど他者のモデル提示によるプロンプト（モデルプロンプト）、手取り足取りの
ような他者の身体誘導によるプロンプト（身体プロンプト）などの種類があります。2
つめは刺激の変更や付け加えによる促しであり、これを「**刺激プロンプト（stimulus
prompts）**」と呼びます。刺激プロンプトは、目標とする弁別刺激が目立つように刺激
を変更するプロンプト（刺激内プロンプト）と、目標とする行動の生起を促すために目
標とする弁別刺激に異なる刺激を追加するプロンプト（刺激外プロンプト）などの種類
があります。演習2の「先生のその場の言動による促し」は反応プロンプト、「刺激の
変更や追加による促し」は刺激プロンプトに該当します。このようにプロンプトには
様々な種類がありますが、どのプロンプトを使うときも、そのプロンプトに目標とする
行動を促す機能がある、つまりプロンプトが目標とする行動に対して刺激性制御がある
こと（第7章参照）が重要です。サチコさんの例では、体操服の着替えのときに、先生
は「シャツをズボンに入れて」と言葉がけ（言語プロンプト）をしています。しかし、
授業準備行動とは異なり、その言語プロンプトでは肌着の裾を入れる行動を正しく促す
ことができていません。つまりその言語プロンプトには目標とする行動を促す機能がな
く、この場合に用いるプロンプトとして適当ではないといえます。

第 8 章　プロンプト

演習
4
　サチコさんの事例で、授業準備行動に対して行われた全てのプロンプトを以下に示しました。これらのプロンプトが「反応プロンプト」と「刺激プロンプト」のどちらに該当するか考えましょう。さらに、反応プロンプトであれば「言語プロンプト」「身振りプロンプト」「モデルプロンプト」「身体プロンプト」、刺激プロンプトであれば「刺激内プロンプト」「刺激外プロンプト」のどれに当てはまるか考えましょう。

①時間割を大きくする…

②時間割に矢印マグネットを置く…

③時間割に時計を近づけておく…

④時間割を指差しする…

⑤チャイムが鳴ったときに指示をする…

⑥時間割に時間を書き込んでおく…

⑦間違った教科書とノートを出したときに時計を指差しする…

2）プロンプトの撤去

　サチコさんの事例の後半では、担任の先生が実施したプロンプトを徐々に撤去しています。プロンプトを徐々に撤去することで、プロンプト（例えば、言葉がけ）によって生起していた目標とする行動（例えば、授業準備行動）が、目標とする弁別刺激（例えば、チャイムや本来の大きさの時間割や本来の位置の時計など）により生起するよう促しているのです。これまで学んだ用語を使うと、プロンプトの撤去は、プロンプトの刺激性制御を、弁別刺激に転移（弁別刺激による刺激性制御に変化させる［応用行動分析学では転移といいます］）させることにより達成されます（第 7 章参照）。プロンプトから目標とする弁別刺激に刺激性制御の転移を促すため、重要なポイントがいくつかあります。

　1 つめは、目標とする弁別刺激に学習者の注意が向いているときに、プロンプトを提示することです。サチコさんの授業準備行動に対しては、入学時からずっと先生による言葉がけ（言語プロンプト）は行われてきました。しかし、授業準備行動をすることは一度もできませんでした。これは、目標とする弁別刺激が提示されていないとき（チャイムが鳴っていないとき）や注意が向いていないとき（チャイムや時間割や時計に注目していないとき）に、プロンプト（言語プロンプト）を提示していた可能性が考えられ

99

ます。このような条件下では、目標とする弁別刺激があっても学習者にとっては認識されていない状態であり、プロンプトの刺激性制御を弁別刺激に転移させることは困難です。

2つめは、プロンプト付きでできた行動であっても、その行動を強化することです。ある刺激Xがある行動Aの生起に対して刺激性制御をもつためには、ある刺激Xが提示されている条件で、ある行動Aの生起が強化されることが必要です。サチコさんの例で考えると、プロンプト（言葉がけ）によって生起した授業準備行動であっても、目標とする弁別刺激（チャイムや時間割や時計）が提示され、かつその刺激に注目できている状況でその行動が強化されることで初めて、目標とする弁別刺激によって授業準備行動が生起する可能性が増えるのです。

3つめは、プロンプトの撤去をする場合、できるだけ早くかつ段階的に行うことです。そうすることで、プロンプト刺激のみにより生起していた行動が、プロンプトと弁別刺激の両方により生起するようになり、最終的に弁別刺激のみで生起するようになります（図8-1）。

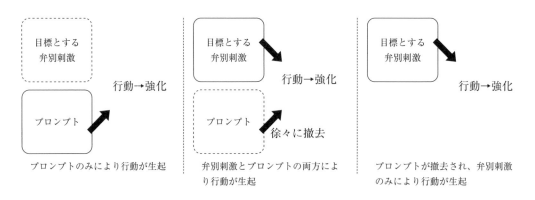

図8-1　プロンプトから目標とする弁別刺激に刺激性制御が転移する過程

細かな撤去の方法については、学習者の実態や学習の状況に応じて柔軟に決めていくとよいでしょう。具体的な技法については後述します。プロンプトの撤去に失敗することもあります。サチコさんの例では、チャイムが鳴ったときの指示を最初完全に撤去しましたが、授業準備行動は激減してしまいました。これはプロンプトに大きく依存して行動が生起していた段階（図8-1の左）で、プロンプトを撤去してしまったことが理由として考えられます。事例ではその後、チャイムが鳴ったときの指示を段階的に撤去することにより、指示なしで授業準備行動が生起するようになりました。これは、目的

とする弁別刺激が提示され注目されている条件下でプロンプトにより生起した行動が強化されることにより、目標とする弁別刺激とプロンプトの両方により行動が生起する段階になり（図8-1の中央）、その段階からプロンプトが徐々に撤去されることで最終的に目標とする弁別刺激のみで行動が生起するようになった（図8-1の右）と考えられます。さらにサチコさんの事例では、演習3で見たように、時間割の拡大や矢印マグネット、チャイムが鳴ったときの言葉がけなど複数のプロンプトが用いられています。これら複数のプロンプトも一度にすべて撤去するのではなく、少しずつ撤去が試みられていることに注意しましょう。プロンプトを撤去する場合は、図8-1のような刺激性制御の転移の段階を意識して、柔軟で段階的なプロンプトの撤去を行うことが重要です。チャイムが鳴ったときの指示や矢印マグネットや時計の位置のときのように、最初の撤去がうまくいかないときは、初めに決めた段階に固執せず、すぐに前の段階に戻り、ときには新たな段階を設定しながら、プロンプトの撤去を進めることが重要です。

　4つめは、目標とする弁別刺激のみで生起した行動をしっかりと強化することです。チャイムや時間割を見て、授業準備行動をしても、その行動が強化されなければ行動は定着しません。また、学習者の実態によっては、目標とする弁別刺激のみで生起した行動をしっかり強化しても、プロンプトありで生起した行動に対して行われる強化と大きな違いがない場合、なかなか行動が定着しない場合があります。例えば、促されて授業準備行動をしても自分で授業準備行動をしても称賛されること（強化）に違いがないため、促されて授業準備行動をすることが続くなどです。この場合、プロンプトなしで生起した行動の方が、プロンプトありで生起した行動よりもより強化されるような工夫が考えられます。例えば、促されて授業準備行動をした場合は言葉で褒められる、自分で授業準備行動をした場合は好きなキャラクターのシールがもらえるというような工夫があるでしょう。

2 プロンプトを撤去する様々な技法

(1) プロンプト・フェイディング

　プロンプト・フェイディング（prompt fading）は、反応プロンプトを段階的に撤去する方法です。反応プロンプトには、言語プロンプト、身ぶりプロンプト、モデルプロンプト、身体プロンプトといった種類があることを述べました。これらのプロンプトは

第1部　応用行動分析学の基礎

その「形態」における違いだけでなく、「人の行動に与える影響の程度」においても違いがあります。例えば、「教科書とノートを出しましょう」と言語プロンプトされても、プロンプトされた行動と別の行動を行うことは比較的容易です。しかし、子どもの手を持って教科書とノートを出すように誘導する身体プロンプトの場合、プロンプトされた行動と別の行動を行うことは困難です。このとき、人の行動に与える影響の程度は、言語プロンプトはより弱く、身体プロンプトはより強いといえます。上記の反応プロンプトの種類を、「人の行動に与える影響の程度」の強弱で並べると図8-2のようになります。以上を踏まえ、プロンプト・フェイディングには以下の2種類があります。

反応プロンプト	人の行動に与える影響	プロンプト階層間フェイディング		プロンプト内フェイディング
		段階的減少型	段階的増加型	
言語プロンプト	弱い			
身ぶりプロンプト	やや弱い			
モデルプロンプト	やや強い			
身体プロンプト	強い			

図8-2　反応プロンプトとフェイディングの種類

1）プロンプト階層間フェイディング

　プロンプト階層間フェイディングでは、段階的減少型（most-to-least）プロンプト・フェイディングと呼ばれるものと、段階的増加型（least-to-most）プロンプト・フェイディングと呼ばれるものがあります。

　段階的減少型プロンプト・フェイディングでは、提示する反応プロンプトを、学習者の行動を踏まえて、強いものから弱いものに段階的に変化させていき、最終的にプロンプトなしで行動することを目指すものです。例えば、ある知的障害の子どもに雑巾の絞り方を教えるとします。目標とする行動は、「水拭きしよう」という言葉がけ（弁別刺激）に応じて水の入ったバケツにある雑巾を取って絞る行動です。最初の段階では、先

102

生は後ろから子どもの手を取って雑巾を絞らせます。その際、「ぎゅー」と言葉がけをする言語プロンプトも提示します（言語プロンプト＋身体プロンプト）。次に「ぎゅー」と言葉がけをしながら、子どもと先生と一緒に雑巾を絞る段階に移行します（言語プロンプト＋モデルプロンプト）。このプロンプトでも上手に絞れる様子がみられたら、今度は「ぎゅー」と言葉がけしながら絞りが甘いところを指差しして絞るよう促したり、ジェスチャーで正しい絞り方を促したりする段階に移行します（言語プロンプト＋身ぶりプロンプト）。このプロンプトでも上手に絞れる様子がみられたら、次に「ぎゅー」という言葉がけだけで、子どもの絞る行動を促す段階に移行します。この段階でも上手に絞ることができる様子がみられたら、最後に音声プロンプトを撤去し、反応プロンプトなしで絞る行動ができるようになることを計画します。いずれの段階でも、目標とする行動ができたら強化を行います。

　段階的増加型プロンプト・フェイディングは、提示する反応プロンプトを、学習者の行動を踏まえて、軽いものから重いものに段階的に変化させていき、最終的にプロンプトなしで行動することを目指すものです。雑巾を絞る行動の例で考えると、最初、子どもの前に「水拭きしよう」と水と雑巾の入ったバケツを置きます。5秒ほど待っても正しく雑巾を絞ることができないときは「ぎゅー」という言葉がけ（音声プロンプト）を提示します。それでも正しく雑巾を絞ることができないときは先生が絞るジェスチャーをする（身ぶりプロンプト）、それでもできないときは先生が実際に正しく絞って見せる（モデルプロンプト）、それでもできないときは最終的に先生が子どもの後ろから手を取って雑巾を絞るよう誘導します（身体プロンプト）。このような順序で反応プロンプトを提示することにより、徐々に軽い反応プロンプトの段階で目標とする行動ができることを促し、最終的には反応プロンプトなしでできるようになることを計画します。同様に、いずれの段階でも、目標とする行動ができたら強化を行います。

2) プロンプト内フェイディング

　プロンプト内フェイディングでは、同じ種類の反応プロンプト内で、プロンプトが段階的に撤去されます。例えば雑巾を絞る行動で考えると、絞る行動の最初から最後まで、先生が後ろから子どもの手をとって絞る行動の全てを誘導する段階から、雑巾をとって握るところまでは誘導して最後のねじる行動は先生が少し手を離し子どもに自分で行わせる段階に移行します。次に雑巾を取るところまでは誘導してその後の雑巾の適切な場所を握ってねじる行動は手を離して子どもに行わせる段階に移行します。このよ

うに、同じ種類の反応プロンプトを段階的に撤去し、最終的に反応プロンプトなしで絞る行動ができるようになることを計画します。この例は、「身体プロンプト」のプロンプト内フェイディングですが、他の反応プロンプト（「言語プロンプト」「身ぶりプロンプト」「モデルプロンプト」）でも、同様の手続きが可能です。

　ここではプロンプト階層間フェイディングとプロンプト内フェイディングを分けて説明しましたが、実際に反応プロンプトを段階的に撤去する際は、これらを組み合わせて柔軟に実施します。

（2）遅延プロンプト

　遅延プロンプト（delayed prompts）も、反応プロンプトを段階的に撤去する方法です。遅延プロンプトでは、反応プロンプトの提示を「遅らせる」ことでプロンプト刺激の撤去を目指す方法です。「遅らせる」方法としては、遅延時間を徐々に長くする「漸増型」と、一定の遅延時間を設ける「固定型」があります。

　例えば、ある知的障害のある幼児に、「ちょうだい」と音声で欲しいものを要求することを教える機会を考えてみましょう。目標とする弁別刺激は欲しいものが手に入らない状況や大人（例えば、好きな玩具のボールが届かない所にあり、かつ近くに大人がいる）、目標とする行動は「ちょうだい」と言うこと、強化は大人が欲しいもの（例えば、好きな玩具のボール）を取ってくれることです。「漸増型」と「固定型」のいずれも、最初はすぐにプロンプトすることから開始します。例えば、大人は幼児がボールを見て手を伸ばしたら「ちょうだい」と反応プロンプト（モデルプロンプト）を提示します（モデルがあれば「ちょうだい」と言うことができることは事前に確認できているとします）。すると幼児はそれを模倣して「ちょうだい」と言うので、大人はボールを与えます。このような条件下で安定して幼児が「ちょうだい」と言うことができるようになったら、反応プロンプトの提示を遅らせてプロンプトを段階的に撤去します。

　「漸増型」の場合、遅延時間は徐々に長くされます。「ちょうだい」の例で、初期の段階は幼児がボールを見て手を伸ばしたらすぐにプロンプトを提示していましたが、このプロンプトの提示を2秒ほど遅らせて提示するようにします。2秒後に提示されるプロンプトでも安定して「ちょうだい」と言うことができたら、今度は4秒ほど遅らせてモデルプロンプトを提示するようにします。このような基準でその後、4秒から6秒、6秒から8秒、8秒から10秒というように遅延時間を長くしていきます。このように遅延時間を徐々に長くしていくなかで、遅延時間中（つまり、反応プロンプトが提示され

る前）に「ちょうだい」と言う様子がみられたら、この行動を確実に強化するようにします。

一方「固定型」の場合、遅延時間は初めから一定です。初期の段階のプロンプトで安定した反応がみられた後、プロンプトの提示を例えば5秒ほど遅らせて提示するようにします。はじめは5秒たってプロンプトされてから「ちょうだい」と言うことが続くかもしれませんが、次第に5秒経過する前（プロンプトが提示される前）に「ちょうだい」と言う様子がみられたら、この行動を確実に強化するようにします。

（3）刺激フェイディング

刺激フェイディング（stimulus fading）は、刺激プロンプトを段階的に撤去する方法です。刺激フェイディングでは、弁別刺激に加えた変化（刺激内プロンプト）や付け加えた刺激（刺激外プロンプト）を徐々になくし、弁別刺激のみ（刺激プロンプトなし）で目標とする行動ができることを目指します。

例えば、濁音をよく見落として読み間違える子どもがいたときに、濁点の部分に気づきやすいよう通常より「拡大」して正しく読むことを促したとします。その文字を濁音で読むか清音で読むかは濁点の有無が左右するので、これは弁別刺激が目立ちやすいように変化を加えた「刺激内プロンプト」になります。この場合の刺激フェイディングは、拡大した濁点を徐々に元の大きさに変化させていくことになります。また別の子どもに対しては、濁点の部分を「拡大」して強調するのではなく、濁点を「星の形」にして強調することで正しく読むことを促したとします。その文字を濁音で読むか清音で読むかは本来星の有無の違いによって左右されるものではないので、これは弁別刺激に別に刺激（星）を付け加えた「刺激外プロンプト」になります。この場合の刺激フェイディングは、印を加えた濁点から星形を取り除き通常の濁点に変化させていくことになります（図8-3）。

刺激内プロンプトの
刺激フェイディング

刺激外プロンプトの刺激フェイディング

図8-3　刺激フェイディングの例

第1部　応用行動分析学の基礎

③ 事例と解説②

(1) サチコさんのその後

　以上のようなプロンプトとプロンプトの撤去を行うことにより、サチコさんはチャイムが鳴り終わる前に、筆箱と時間割に応じた教科書とノートを自発的に出すことができるようになりました。しかし、体操服に着替えたときに、肌着の裾がズボンからいつもはみ出た状態になっていることはそのままの状態です。担任の先生はサチコさんが体操服を着るときに、肌着の裾を自分でズボンに入れる行動を指導の目標にして実践してみることにしました。担任の先生は、目標とする行動の三項随伴性を図8-4のようにまず考えました。

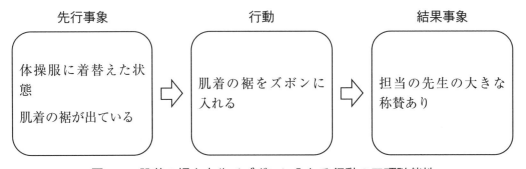

図8-4　肌着の裾を自分でズボンに入れる行動の三項随伴性

第 8 章　プロンプト

演習 5 先生の言葉がけ（言語プロンプト）で裾をズボンに入れることは難しいことは変わらないので、より強い反応プロンプトが目標とする行動を促すためには必要でしょう。本章での学びを踏まえ、あなたはサチコさんにどのようなプロンプトを行うか考えましょう。

反応プロンプト

刺激プロンプト

演習 6 サチコさんに行ったプロンプトをどのように撤去するかについても、本章での学びを踏まえ、考えましょう。

反応プロンプトの撤去方法

刺激プロンプトの撤去方法

第1部　応用行動分析学の基礎

（2）解説

　言語プロンプトより「強い」反応プロンプトとしては、出ている裾の箇所を指差しする身ぶりプロンプト、ズボンに裾を入れる実際の動作をやって見せるモデルプロンプト、先生が後ろからサチコさんの手をとって裾をズボンに入れさせる身体プロンプトなどが考えられます。刺激プロンプトとしては、はみ出た裾を入れるステップまで含んだ着替え方を絵で示したものをサチコさんが見やすい所に貼っておく（刺激外プロンプト）、裾がズボンに入れやすいようにズボンのウエストを紐ではなくゴムにする（刺激内プロンプト）などが考えられるかもしれません。

　プロンプトの撤去方法としては、反応プロンプトに関しては、最初は「着替えたら裾入れるよ〜」と言いながら身体プロンプト、モデルプロンプト、身ぶりプロンプト、言語プロンプトのみのように撤去していき、最終的にプロンプトなしに移行する方法（プロンプト階層間フェイディング）などが考えられます。ほかにも、身体誘導を段階的に減らしていく方法（プロンプト内フェイディング）、最初の段階では着替えた直後に身体プロンプトで裾をズボンに入れる行動を促し、次第に身体プロンプトを行うタイミングを遅らせていく方法（遅延プロンプト）なども考えられます。刺激プロンプトに関しては、体操服の着替え方を絵で示したものを例えば最初のステップ（例えば、上の体操服を着る）を図示したものから順に撤去していく方法（刺激外プロンプトの刺激フェイディング）、ズボンのゴムも段階的にきついものに変えていって最終的に紐に戻す方法（刺激内プロンプトの刺激フェイディング）などが考えられます。

　子どもの実態によっては、撤去のステップをどんなに細やかにしてもプロンプトを完全になくすことができない場合や、なくすことが適当でない場合があります。サチコさんの事例では、時間割に書き込んだ時間はそのままにしています。また、肌着の裾を自分で入れることができるようになったとしても、手指の動きに困難があり、毎回時間がかかったり、負担が大きく嫌悪的であったりする場合、着替えや体育の時間そのものが嫌いになってしまうかもしれません。プロンプトを無理に撤去しようとするのではなく、それを必要な支援として周囲に伝えて使ってもらったり、将来の環境にも引き継いでいったりすることもとても大切なことです。

```
┌─ 第8章のまとめ ──────────────────────────
│
│ ★新しい行動を教えるときは、プロンプトを提示して目標とする行動の生起を促す
```

第 8 章　プロンプト

必要がある。

★プロンプトの撤去は一度にするのではなく、徐々になくしていくことがポイント。また、目標とする弁別刺激を明確にしておくこともポイント。

★対象児者の実態によっては、無理にプロンプトの撤去を目指すのではなく、「必要なプロンプトであること」を、関係する人に周知することや将来の環境に引き継ぐことも重要。

専門用語のまとめ

- **プロンプト（prompts）**：目標とする行動が、目標とする弁別刺激の下で生じないときに、その行動を促したり誘導したりする、行動に先行する刺激。

- **反応プロンプト（response prompts）**：その場で実施される他者の行動による促し。言葉による促し（言語プロンプト）、指差しやジェスチャーによる促し（身ぶりプロンプト）、お手本を示すことによる促し（モデルプロンプト）、他者の身体誘導による促し（身体プロンプト）などがある。

- **刺激プロンプト（stimulus prompts）**：目標とする弁別刺激の目立ちやすさを変えたり（刺激内プロンプト）、弁別刺激に別の刺激を追加したりすること（刺激外プロンプト）による促し。

- **プロンプト・フェイディング（prompt fading）**：反応プロンプトを徐々に弱いレベルにしたり少なくしたりして、反応プロンプトの撤去を図る方法。

- **遅延プロンプト（delayed prompts）**：反応プロンプトの提示を遅延させることで、反応プロンプトの撤去を図る方法。

- **刺激フェイディング（stimulus fading）**：変化させた弁別刺激を徐々にもとの刺激に戻したり、追加した刺激を徐々になくしたりすることで、刺激プロンプトの撤去を図る方法。

【演習 2 の解答】

先生のその場の言動による促し：時間割を指差しする、チャイムが鳴ったときに指示をする

刺激の変更や追加による促し：時間割を拡大しておく、時計と時間割を近づけておく、矢印マグネットを置いておく

第1部　応用行動分析学の基礎

【演習3の解答例】

促しをなくしていった順番：①指示をするときに時間割を指差す、②チャイムが鳴ったときに指示する、③矢印マグネットを置いておく、④時間割を拡大しておく、⑤時計を時間割に近づけておく

促しをなくすことに最初失敗したものとどのような段階をつくって促しをなくしたか

①チャイムが鳴ったときの指示：サチコさんの近くに行って「チャイムが鳴ったら…」→遠くから「チャイムが鳴ったら…」→遠くから「チャイム…」→遠くから「あ…」→指示なしでチャイムのみ

②矢印マグネット：矢印マグネット＋時間割に時間を書き込んでおく→矢印マグネットなし＋間違えそうなときに時間割と書き込んだ時間の指差し→時間割のみ

③時計と時間割を近づけておく：時間割の横に時計→時間割と時計の距離を少し離す→時間割と時計の距離をさらに少し離す→時計をもとの位置に戻す

【演習4の解答】

①時間割を大きくする…刺激プロンプト（刺激内プロンプト）
②時間割に矢印マグネットを置く…刺激プロンプト（刺激外プロンプト）
③時間割に時計を近づけておく…刺激プロンプト（刺激内プロンプト）
④時間割を指差しする…反応プロンプト（身ぶりプロンプト）
⑤チャイムが鳴ったときに指示をする…反応プロンプト（言語プロンプト）
⑥時間割に時間を書き込んでおく…刺激プロンプト（刺激外プロンプト）
⑦間違った教科書とノートを出したときに時計を指差しする…反応プロンプト（身ぶりプロンプト）

第9章

課題分析

朝岡寛史

1 課題分析とは

(1) 技能検定を受験するカナさん

　カナさんは特別支援学校高等部に在籍する1年生の女子生徒で、知的障害の診断があります。新版K式発達検査の結果は全領域10歳2ヵ月でした。カナさんの学校では、希望生徒は、秋に実施される特別支援学校技能検定を受けることを予定しており、就労に向けてカナさんも受験を希望していました。そこで担任の先生は、生徒がおもてなし精神にあふれた接客サービスを身につけることを目標に、作業学習において単元「喫茶ハワイアンでお客様をもてなそう！」を設定しました。カナさんを含めた単元グループの3名の生徒は買い物ごっこをした経験はありましたが、本格的な接客の経験はありませんでした。そこで、担任の先生は実際に喫茶店に行って、店員のセリフと動作の一連の流れを観察してみることにしました（図9-1）。

第1部　応用行動分析学の基礎

演習
1
次の表は「1　お客様を迎える」から「6　注文を確認する」までの作業行程を示したものです。「1　お客様を迎える」の例を参考に、「2　お客様の人数を確認し、席へ案内する」以降の作業内容を記入しましょう。ステップ数は生徒の実態や作業内容などによって変わると思います。完成したら、グループで協議し、全体で共有しましょう。

　授業では担任の先生のように喫茶店に行くことは難しいかもしれません。YouTubeなどの動画配信サイトを活用して店員の接客サービスを観察したり、接客サービスの経験のある人とグループになって話を聞いてみたりしましょう。

作業工程	作業内容
1　お客様を迎える	1　お客様に近づき、「いらっしゃいませ」 2　おじぎをする
2　お客様の人数を確認し、席へ案内する	
3　ホールのスタッフに人数を伝える	
4　お客様に水とおしぼりを提供する	
5　お客様から注文を取る	
6　注文を確認する	

　接客サービスのほかに「歯を磨く」「学校に行く準備をする」「給食当番をする」など、一連の流れの中でそれぞれ生起する多くの単位行動からなる複雑な行動は、**行動連鎖**（behavioral chain）と呼ばれます。単位行動は、「キーボードで『a』を入力する」のように、適切な状況で1つの行動が生起することをいいます。本章では複雑な行動を

112

分析する方法と、行動の連鎖をいかに形成していくかを扱います。また、本章の内容は行動変容法入門（Miltenberger, 2006）をもとにし、用語の定義や説明は可能な限り本書籍の記述と一致するように配慮しました。より発展的な学習として、合わせて読んでみましょう。

行動連鎖は、2つ以上の**刺激－反応連鎖**（stimulus-response chain）から構成されます。接客サービスを例に説明します。図9-1に示したように、刺激は先行事象、反応は行動と同義であり、最初の反応である「お客様に近づき、『いらっしゃいませ』と言う」は、「おじぎをする」行動の弁別刺激（第7章参照）として作用します。大事なこととして、おもてなし精神にあふれた接客サービス（操作的な定義が必要ですが、ここでは割愛します）は、連鎖の最後の反応である「『ありがとうございました』と言い、おじきをする」によって強化的な結果（「とてもおいしかったです。また来ますね！」）が生み出されたときだけ維持されるのです。

そして、行動連鎖を刺激－反応単位に細かく分けることによって分析する過程を**課題分析**（task analysis）といいます。2つ以上の単位行動からなる**複雑な行動を教える際には**、担任の先生や皆さんが行ったように、その複雑な行動を**遂行するために必要な全ての行動を時系列に沿って書き留めていく**ことから始めます。課題分析表が完成した後には、ある単位行動（反応）が、次の単位行動の弁別刺激となっているか、チェックしましょう。

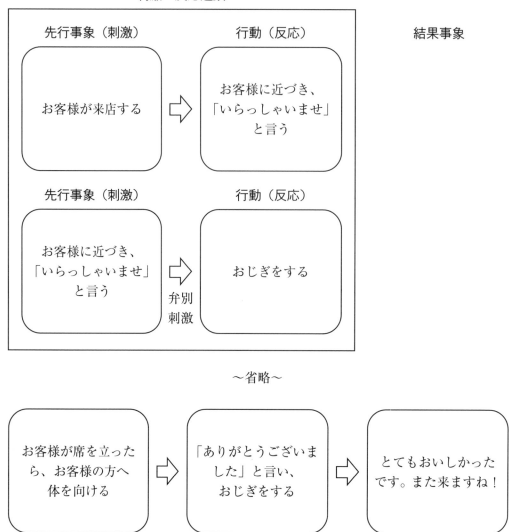

図 9-1 接客サービスの刺激―反応連鎖

　表9-1に課題分析表を示しました。課題分析のコツをお教えします。演習1で行ったように接客サービス中の店員さんを観察しながら、刺激－反応連鎖を書き留めていったり、店員の**経験のある人（複雑な行動を上手にできる人）**に尋ねたりしてみるとよいでしょう。いずれも難しい場合は、自分自身でロールプレイしてみて個々の刺激－反応を記録しましょう。これらに共通することとして、**頭の中だけでイメージするのではなく、実際にやってみる**ことがポイントになります。そのことで刺激－反応連鎖に関するより正確で詳細な情報が得られるのです。

第 9 章　課題分析

表 9-1　接客サービスの課題分析表

作業工程	作業内容
1　お客様を迎える	1　お客様に近づき、「いらっしゃいませ」
	2　おじぎをする
2　お客様の人数を確認し、席へ案内する	1　「何名様ですか？」
	2　「お席に案内します」「こちらにどうぞ」
	3　「少々お待ちくださいませ」と言い、おじぎをする
3　ホールのスタッフに人数を伝える	1　「お客様 2 名様です」
	2　2 名分のおしぼりと水、伝票を受け取り、お盆にのせる
4　お客様に水とおしぼりを提供する	1　水とおしぼりを席まで運ぶ
	2　「失礼します」と言い、水とおしぼりを置く
5　お客様から注文を取る	1　「ご注文はお決まりでしょうか？」
	2　注文の数量を伝票に書く
6　注文を確認する	1　「ご注文を確認させていただきます」
	2　伝票を見ながら、「アイスコーヒーが 1 つ、アメリカンコーヒーが 1 つ…」と復唱する
	3　「ご注文は以上でよろしいでしょうか」
	4　「はい、かしこまりました」「少々お待ちくださいませ」と言い、おじぎをする
〜省略〜	
14　お客様を見送る	1　お客様が席を立ったら、お客様の方へ体を向ける
	2　「ありがとうございました」と言い、おじきをする

高知県教育委員会事務局特別支援教育課（2003）高知県特別支援学校技能検定テキスト集
　（https://www.pref.kochi.lg.jp/doc/2020070300372/）を参考に，筆者が作成.

（2）ソラさんのオーダーメイドの課題分析表を作成する

　ソラさんはカナさんと同じ特別支援学校の高等部に在籍する 1 年生の男子生徒で、知的障害とダウン症の診断があります。接客サービスのように、多くの単位行動から構成される行動連鎖の全てを遂行することには難しさがありましたが、簡単な動作やセリフ

115

第1部　応用行動分析学の基礎

を覚えて正確に行うことは可能でした。さらに、ソラさんは人と関わることが大好きでした。担任の先生はソラさんの強みを活かせるように、お客様との関わりを中心としたオーダーメイドの課題分析表を作成することにしました。

　作成に際して、作業行程を「お客様を迎える」から「お客様を見送る」までの5つに、各作業行程の内容を最大2つに絞ることにしました。その他の作業行程・内容は、他の生徒が担ったり、教員のサポートを受けてソラさんが行ったりすることにしました。

演習 2　ソラさんの知的障害の程度や強みを踏まえ、各作業工程とその内容をグループで検討し、全体で共有しましょう。

作業工程	作業内容
1　お客様を迎える	
2	
3	
4	
5　お客様を見送る	

　お客様との関わりを中心とした課題分析表を以下に示しました。カナさんでの「ご注文を確認させていただきます」というセリフをソラさんでは「ご注文を確認します」と短くしたり、「ご注文は以上でよろしいでしょうか」というセリフを省略したりしました。実際には授業でロールプレイして見る中で、習得が難しい場合はその行動をさらに細かな単位行動に分けるとよいでしょう。また、「いらっしゃませ」と「おじぎをする」という2つの行動を「『いらっしゃませ』と言い、おじぎをする」といったように、大

きな行動のまとまりとした方が良い場合もあるでしょう。その理由として、まとまりが大きくなればなるほど行動連鎖数が減るので、練習する時間も減り、結果として早く習得することが可能になります。

作業工程	作業内容
1　お客様を迎える	1　「いらっしゃいませ」と言い、おじぎをする
2　お客様から注文を取る	1　「ご注文はお決まりですか？」 2　注文の数量を伝票に書く
3　注文を確認する	1　「ご注文を確認します」 2　伝票を見ながら、「アイスコーヒーが1つ、アメリカンコーヒーが1つ…」と復唱する
4　お客様に飲み物を提供する	1　「アイスコーヒーのお客様」「アメリカンコーヒーのお客様」と言って、飲み物をお客様の正面に置く 2　「こちらが伝票です。ごゆっくりどうぞ」と言って、おじぎをする
5　お客様を見送る	1　「ありがとうございました」と言い、おじきをする

第 1 部　応用行動分析学の基礎

演習 3　まとめとして、保育・教育の場での経験をもとに複数の単位行動から構成される行動を 1 つ選定し、課題分析表を作成しましょう。区切りのない表を用意しましたので、子どもの様子を思い浮かべながら自由に設計しましょう。

工程	内容

2 チェイニング

(1) 順行チェイニング（一人前の店員になるために練習を励むカナさん）

　準備が整いましたので、一人前の店員さんになれるように練習を始めましょう。本章では、複数の行動連鎖からなる行動を教える際に用いられる**チェイニング**（chaining）によって行動の形成を目指します。チェイニングには**順行チェイニング**（forward chaining）と**逆行チェイニング**（backward chaining）の2つの技法があります。

　順行チェイニングから見ていきましょう。順行チェイニングは、プロンプト・フェイディング（第8章参照）を用いて、まず行動連鎖の最初の行動である「お客様に近づき、『いらっしゃいませ』と言う」行動を教えます。弁別刺激「お客様が来店する」が提示され、プロンプトがなくてもその行動が遂行できるようになると、最初から2番目の「おじぎをする」行動を教えます。この行動が習得されると、3番目の「何名様ですか？」というセリフを教えて……といったように、最初の弁別刺激である「お客様が来店する」から最後の行動（反応）である「『ありがとうございました』と言い、おじきをする」までの全ての単位行動を、プロンプトなしに遂行できるようになるまで続けます。

　順行チェイニングという言葉にあるように、1つの輪（チェーン）である単位行動を前から1つずつつなげていきます（図9-2）。

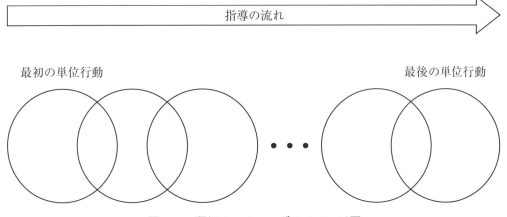

図9-2　順行チェイニングのイメージ図

第1部　応用行動分析学の基礎

　指導にあたる際の留意点を3点お伝えします。1点目は、自発的な行動の生起に近づけていくために、常に行動の生起に必要な最小限のプロンプトを用いましょう。2点目は、プロンプトによって行動が生起したら、即時に好子を提示することが大切になります。お客様から「とてもおいしかったです。また来ますね！」といったポジティブなフィードバックが提示されるまでに、たくさんのステップがあります。個々の単位行動を確実に強化してチェーンをつなげていく必要があるので、「そうそう！上手」といったように、子どもに応じた好子を提示する必要があるのです。3点目は、1人で接客サービスができるようになったら、行動の定着を目指して間欠的に褒めたり、より良いサービスが提供できたことをフィードバックしたりしましょう。最終的には、お客様役とやりとりすることが自然な強化となるように、取り組んでいくことになります（第3章参照）。

演習 4　演習1で作成したカナさんの課題分析表をもとに、作業行程「お客様の人数を確認し、席へ案内する」以降のカナさんの指導プログラムを作成しましょう。完成したら全体で共有しましょう。

手順	指導内容
1	先生がお客様に近づき、「いらっしゃいませ」というモデルを提示し、カナさんは遂行する。できたら「そうそう！上手」と褒めたり、拍手をしたりする。
2	カナさんが「いらっしゃいませ」と言った後、「おじぎをする」モデルを提示し、できたら褒める。

とても大切なことなので繰り返します。指導プログラムを作成して実感した方もいるかと思いますが、順行チェイニングでは最後の単位行動が教えられるまで、行動連鎖の最後にある自然な好子、すなわち「とてもおいしかったです。また来ますね！」というお客様からのフィードバックが得られないため、単位行動の直後に提示される好子が重要になります。

（2）逆行チェイニング（1人で靴下を履けるようになるソラさん）

逆行チェイニングは、順行チェイニングとは反対に後ろ（最後の単位行動）から前に向かってチェーンをつなげていきます。図9-3の矢印の向きに着目してください。逆行チェイニングはソラさんのように、能力にかなり制限がある子どもによく用いられます。その理由の1つとして、自然な好子（例えば、お客様からの感謝の言葉）が必ず得られるため、達成感や満足感が得られやすいということが挙げられます。具体例を2つ挙げて説明します。ソックスを履く練習をするときに、最終ステップとして想定した「くるぶしの位置にあるソックスを両手で持ち、膝に向かって引っ張る」という動作を1人で、かつ毎回で行うことになるので、子どもは「1人で履けた！」と感じやすいです。また、スプーンでチャーハンをすくって食べる際には、最終ステップ「スプーンにのったチャーハンを自分の口まで持って食べる」動作を毎回行うことになるため、満足感が得られます。

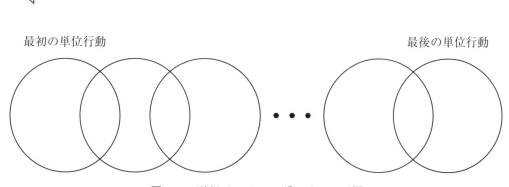

図9-3　逆行チェイニングのイメージ図

第 1 部　応用行動分析学の基礎

演習 5　直前の段落で例示したソックスを履く行動の形成を考えてみます。指導前の実態です。担任の先生はソラさんに「1人でソックス履けるかな」と言葉がけをしました。しばらく様子を見ていると、爪先まではなんとか履けますが、その先はなかなか進みませんでした。そのうち、ソラさんは怒って放り投げてしまいました。なお、ソラさんは手指の巧緻性には特に問題はありませんでした。以上のことを踏まえ、靴下を1人で履くことを目標とした課題分析表および逆行チェイニングを用いた指導プログラムを作成しましょう。完成したら全体で共有しましょう。

○ソックスを履く行動の課題分析

手順	課題分析
1	（体育座りの状態から開始）ソックスを両手で持つ。
	くるぶしの位置にあるソックスを両手で持ち、膝に向かって引っ張る。

第 9 章　課題分析

○「ソックスを履く」行動の指導プログラム（逆行チェイニング）

手順	課題分析
1	先生はソラさんにくるぶしの位置にあるソックスの上部を両手で握らせ、膝に向かって引っ張り上げるようにガイダンスする。できたら、「上手に履けたね！」と褒める。

③ 全課題提示法

　全課題提示法（total task presentation）では、子どもが最初から最後まで行動連鎖全体を行うようにプロンプトします。反応プロンプトの種類としては、身体プロンプトが多く用いられます。そして、身体プロンプトをフェイディングする方法の1つとして、**漸減型ガイダンス（graduated guidance）** があります。以下、演習5のソックスを履く行動に適用して説明します。

　まず、担任の先生は体育座りしたソラさんの両手を取り、ソックスを爪先、足の甲、くるぶし、最後まで履かせます。このように行動連鎖の最初から最後までガイダンスした後、「上手に履けたね！」と褒めます（ソラさんは担任の先生から褒められることが大好きです）。

123

第1部　応用行動分析学の基礎

　次に、ソラさんが1人でソックスを履けるように指導を始めました。ソラさんが自分でソックスを履いていると感じたら、担任の先生は手を離し、ソラさんの動きに合わせて自分の手を動かします。このことを**シャドーイング**（shadowing）といいます。正しく履けているときはシャドーイングを続けます。正しく履けていない場合は、再度ガイダンスします。そして、正しい動きをしていると感じたら、再度シャドーイングに戻ります。このように、漸減型ガイダンスを適切に行うためには、ソラさんの動きを注意深く見守り、必要に応じて身体プロンプトとシャドーイングを柔軟に使い分ける必要があります。

　全課題提示法は、行動連鎖全体を通して身体プロンプトを提示することになるため、あまり長くなく、複雑でない行動、身体プロンプトを行うことができる行動を教えるのに適しています。加えて、全課題提示法は一度に行動連鎖全体を教えることになるため、子どもの発達を考慮し、適用が妥当かどうかを判断することが求められます。

演習
⑥
全課題提示法を実践しましょう。2人1組になってください。1人は教師役、もう1人はソラさん役です。うまくできるようになったら、役割を変えて再度行ってください。

　いかがだったでしょうか？「百聞は一見に如かず」です。本書で扱う応用行動分析学に基づく技法は本を読んだだけでは身に付かないと思います。ロールプレイをしたり、実際に子どもたちに関わったりする中で臨床技術の向上を目指していってください。

第9章のまとめ

★経験のある人に尋ねたり、実際に自分でやってみたりすることで課題分析表を完成させる。

★作成した課題分析表は、子どもの実態に応じて定義調整し、オーダーメイドのものを目指す。

★複雑な行動を教える方法として、順行チェイニング、逆行チェイニング、全課題提示法がある。

第 9 章　課題分析

┌─ 専門用語のまとめ ─────────────────────────────

・**課題分析**（task analysis）：行動連鎖を刺激－反応単位に細かく分けることによって分析する過程。

・**順行チェイニング**（forward chaining）：プロンプト・フェイディングを用いて、行動連鎖の最初の単位行動から最後の単位行動に向かって順番に、全ての単位行動をプロンプトなしに遂行できるようになるまで教える方法。

・**逆行チェイニング**（backward chaining）：プロンプト・フェイディングを用いて、行動連鎖の最後の単位行動から最初の単位行動に向かって順番に、全ての単位行動をプロンプトなしに遂行できるようになるまで教える方法。

・**全課題提示法**（total task presentation）：最初から最後まで行動連鎖全体をプロンプトし、その後漸減型ガイダンスなどを用いてフェイディングしていき、全ての単位行動をプロンプトなしに遂行できるようになるまで教える方法。

└──

文献

Miltenberger, R. G.（2001）*Behavior Modification: Principles and Procedures*（2nd ed.）. Wadsworth.

園山繁樹・野呂文行・渡部匡隆・大石幸二（2006）行動変容法入門．二瓶社.

125

第10章

シェイピング

朝岡寛史

1 望ましい行動のシェイピング

（1）音読の達人を目指すユイさん

ユイさんは小学校の特別支援学級に在籍する5年生の女子児童で、知的障害の診断があります。特別支援学級にはユイさんを含めて、3人の子どもが在籍していました。学級では「ドラえもん」が流行っており、ユイさんはドラえもんのハンカチをいつも大切そうに持ち歩いていました。

国語の時間に音読をするときに、ユイさんは「緊張する……」と言い、肩にぐっと力を入れながら絞り出すような声で音読しており、ほとんど聞き取ることができませんでした。ユイさん以外にもみんなの前で発表する際に自信がもてない子どもが多くいました。特別支援学級担任の先生は人前で話すときに課題があると考えて、交流学級の担任とも相談し、学級全体の目標として「自信をもって音読すること」を設定しました。

ユイさんは知的障害がありましたが、ひらがなやカタカタの読み書きに問題はなく、心理的なプレッシャーがかからない場面（例えば、友だちと好きなアニメについておしゃべりする）では、おおむね適切な音量で話すことができていました。以上の学級およびユイさんの実態から、より大きな声で音読する行動を強化することで、目標を達成できると考えました。

先生はまず指導前の実態を把握するために、デジベル計で個々の声の大きさを測定したところ、ユイさんは50dB（デジベル）程度の音量でした。結果を踏まえ、先生は「自信をもって音読すること」を「60dB（日常生活の普通の会話レベルの音量）以上で音読すること」と操作的に定義しました。音読教材として、先生は子どもの中で流行っているドラえもんの漫画を用いることにしました。その理由として、子どもが興味を

もっていること、ふりがながふってあるため、様々な読みの実態の子どもにも対応できて準備のコストが小さいこと、セリフが短いこと、繰り返し挑戦できることなどが挙げられました。ケンタ君はドラえもん役、ヒナタ君はのび太役、ユイさんはしずかちゃん役といったようにそれぞれが担当したい役を決めました。

　子どもたちはお互いの顔が見えるように机を並べて座って音読しました。それぞれの机の上にはモニター付きのデジベル計が置かれ、声の大きさが即時にフィードバックされました。ユイさんはまず常に50dBを上回る声の大きさでセリフを音読することを目標としました。先生はうなずきながら聞き、目標を達成できたときは「上手に読めたね」「声の大きさ、バッチリ！」などと褒めました。49dB以下のときは「次頑張ろう」と中立的に声を掛けました。安定して50dBの声の大きさで読めるようになった後、52、54、56dB……と強化と消去、すなわち分化強化（第6章参照）の手続きを用いて60dBに到達するまで2dBずつ目標を高くしていきました。最終的に、ユイさんはみんなに聞こえる声の大きさで音読することができるようになりました。

第1部　応用行動分析学の基礎

演習1　50dB以上の声の大きさで音読することを基準に、ユイさんが60dBの声の大きさで音読できるようになるまでのプロセスをABCの枠組みで整理しましょう。

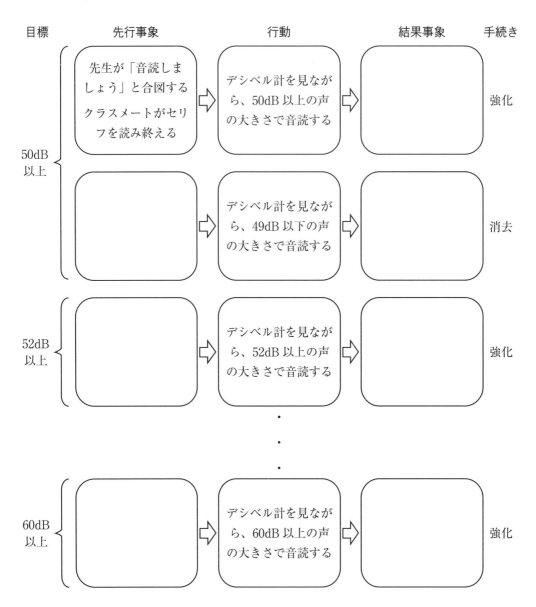

第 10 章　シェイピング

演習
2
先生がどのように分化強化の手続きを用いたか説明しましょう。また、グループや全体で共有しましょう。

　　先生が行った手続きは**シェイピング**（shaping）と呼ばれます。シェイピングは**新しい行動を生起される**ために用いられます。ユイさんはこれまで 60dB の声の大きさで音読することは難しかったです。仮に 60dB で音読することがわずかな機会でもあれば、シェイピングを適用するのではなく、分化強化の適用が適しています。60dB の声量が出ることがあるので、徐々に近づけていく必要はありません。

　　50、52、54……60dB 以上の声量で音読をするといったように、目標とする行動に徐々に近づけていくことを**漸次的接近**（successive approximation）といいます。具体的には、50dB 以上の声量で音読する行動を先生が強化し、49dB 以下の声量で音読することを消去すると、ユイさんは安定して 50dB 以上の声量で音読することができるようになりました。50dB 以上の声量で音読する行動は「起点となる行動」あるいは「最初の近似行動」とも呼ばれます。続いて、先生は 50dB 以下の音読行動を消去し、52dB 以上の音読行動を強化するようにしました。この分化強化のプロセスは、60dB 以上の音読行動が安定して生起するようになるまで続けられました（演習 2）。

　　ここまでのまとめとして、ユイさんの音読を例に目標達成までのプロセスを整理してみましょう（表 10-1）。

129

第1部　応用行動分析学の基礎

表 10-1　シェイピングのプロセス

手順	内容	説明	ユイさんの音読の例
1	標的行動を定義しましょう。	目指す子どもの姿、すなわち最終的な目標の行動を操作的に定義しましょう。指導者が子どもの実態に応じて決めることもあれば、子どもと相談して決めるのもよいでしょう。	先生は、60dB 以上の声の大きさで音読することを標的行動としました。
2	シェイピングを適用することが適切であるかどうかを判断しましょう。	これまでに生起していないというシェイピングの適用条件を満たしている場合でも、プロンプト（第8章参照）やチェイニング（第9章参照）のように、「新しい行動」を形成する方法はほかにもありました。「子どもが標的行動のやり方を知らない」「複数の行動連鎖のある複雑な行動でない」など、シェイピングを適用することが最も短期間で、かつ効率的かどうかを判断することになります。	ユイさんは音読する際に、これまでにみんなに聞こえる声で読むことが難しく、複雑な行動でもなかったため、先生はシェイピングを適用しました。
3	起点となる行動を決めましょう。	分化強化によって標的行動に徐々に近づけていくために起点となる行動はこれまでに生起したことがあり、かつ標的行動と関連のある行動から決めます。	先生は指導前の実態を把握するためにユイさんの声量を測定し、50dB 以上の声の大きさで音読することを起点として設定しました。
4	シェイピングのステップを選定しましょう。	前のステップと次のステップの大きさは小さすぎず、大きすぎないものを選ぶ必要があります。小さすぎると目標達成までに時間がかかり、大きすぎると目標が達成できなくなってしまいます。一度決めたステップを指導中の子どもの様子に基づいて適宜変更する必要もあるかと思います。またステップの大きさは均一である必要はなく、各ステップの難易度に応じて設定することが求められます。このように、ステップ進行の評価と調整はとても重要です。	先生は 2dB 刻みでステップを選定しました。
5	好子を選択しましょう。	各ステップで使用する好子を選択します。詳細は第3章を参照ください。	先生は「声の大きさ、バッチリ！」といった褒め言葉を好子として選択しました。
6	標的行動が安定して生起するようになるまで、漸次的接近を分化強化しましょう。	起点となる行動から開始し、標的行動が安定して生起するようになるまで、分化強化を用いて行動を形成していきます。あるステップから次のステップへとうまく進むために、次に何が期待されているかを子どもに示したり、プロンプトを与えたりすることが有効な場合もあります。	演習2で作成した表および本文中の説明を参照ください。

130

（2）シェイピングの達人を目指す

望ましい行動のシェイピングのまとめとして、ゲーム感覚で演習に取り組んでみましょう。

演習 3

2人1組になってください。1人は先生役、もう1人は子ども役です。最初に各自で表を記入してください。標的行動として単純な動作（例えば、バンザイをする）を1つ考えてください。先生役をやる人は、起点となる行動をゲーム開始前に子ども役の人に伝えてください。ゲームが始まったら、標的行動に近似した行動を強化し、子ども役が標的行動をとれるようになるまで続けます。標的行動が生起したら、役割を交代してみましょう。

手順	内容	説明
1	標的行動を定義しましょう。	
2	シェイピングを適用することが適切であるかどうかを判断しましょう。	
3	起点となる行動を決めましょう。	
4	シェイピングのステップを選定しましょう。	
5	好子を選択しましょう。	
6	標的行動が安定して生起するようになるまで、漸次的接近を分化強化しましょう。	手順5まで記入したら、2人1組になってロールプレイしましょう。

シェイピングの技法は、知的障害のある子どもへの音声模倣の指導やADHDの子どもへの着席時間の増加など、特別支援教育の領域で様々に活用されています。

第1部　応用行動分析学の基礎

2 問題行動のシェイピング

(1) ケンタ君の問題行動に悩まされる先生

　ケンタ君はユイさんと同じ小学校の特別支援学級に在籍している5年生の男子児童で、知的障害の診断があります。自分の頭を平手でたたくという自傷行動を示していました。始まりは算数や国語などの授業を行っているときでした。ケンタ君は軽くパチンと自分の頭をたたいたとき、先生は駆け寄って「どうしたの？」「頭痛くなるよ」などと声を掛けていました。ケンタ君の自傷行動には注目の機能があると考えた先生は、ケンタ君が頭をたたいても無視するようにしました。少しすると、ケンタ君はより強い力でパチンと頭をたたくようになりました。先生は無視できなくなり、ケンタ君に近寄って声を掛けたり、頭をたたくのを制止したりしました。このプロセスが複数回繰り返され、より一層激しい頭たたき行動が生じるだけでなく、自分の腕をつねるといった問題行動のレパートリーも増えてしまい、先生は頭を抱えてしまいました。

演習4　ケンタ君の問題行動が強まっていくプロセスをABCの枠組みで整理しましょう。

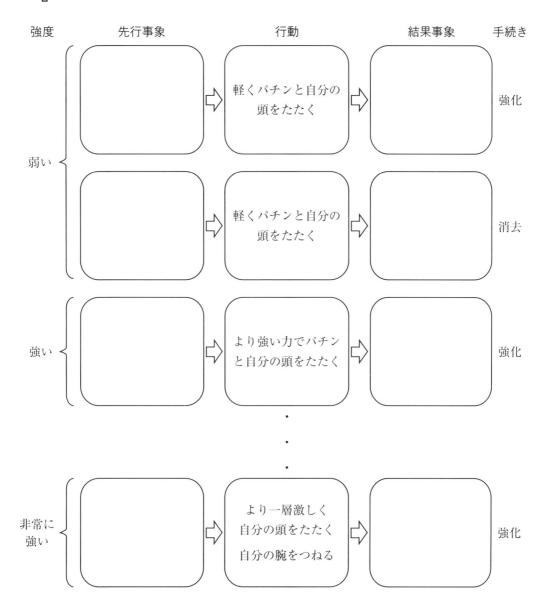

第1部　応用行動分析学の基礎

演習 5 シェイピングによってどのように問題行動が形成されていったのかを説明しましょう。また、グループや全体で共有しましょう。

　ケンタ君の軽く自分の頭をたたく行動を先生は「消去」していました。第4章で学習したように、消去には「消去バースト」が伴うのでした。消去バーストによって、より強い力で頭をたたく行動が生起したのです。身体に与えるダメージを心配し、先生は関心を向けざるを得なくなり、ケンタ君に近寄って声を掛けたり、頭をたたくのを制止したりしました。つまり、より強い力で頭をたたく行動を意図せず「強化」したことになります。ケンタ君の視点からは、より強い力で頭をたたけば先生が構ってくれるということを学習したことになります。最終的には、消去バーストによって問題行動の強度が強まることに加え、「自分の腕をつねる」という新しい問題行動が生起するようになってしまったのです。このように漸次的接近が強化されて、問題行動が形成されていくのです。

　望ましい行動と問題行動のシェイピングでは、漸次的接近のプロセス自体は同じになります。演習1と演習4で作成した図を見比べてください。プロセスが一致することが分かると思います。その一方で、望ましい行動では「意識的に」または「無意識に」強化しているのに対し（意識的に子どもを褒めることもあれば、無意識に褒めることもあります）、問題行動では「意図せずに（無意識に）」強化している点が大きく異なります。

（2）身近な事例から考える

　問題行動のシェイピングのまとめとして、知的障害・発達障害のある子どもと関わった経験から振り返ってみましょう。

134

第10章　シェイピング

演習
⑥

学校や地域などの場において、問題行動がシェイピングによって強まっていったプロセスを整理してみましょう。そのような経験がない方は、架空の事例を考えて表を埋めてみましょう。完成したら、グループや全体で共有しましょう。

手順	内容	説明
1	問題行動を定義しましょう。	
2	起点となる行動は何でしたか？	
3	問題行動がどのように強まっていったのか、すなわちシェイピングのステップを記述しましょう。	
4	問題行動の好子は何でしたか？	

　これまで見てきたように、問題行動のシェイピングが意図せずに漸次的接近が強化されることによって形成されます。行動原理を学ぶことの1つの意義は、**望ましい行動や問題行動がどのようなプロセスで起こるのかを意図的に考えることができ、支援に役立てられる**ことにあると思います。

　「行動問題の理解」は次の章へと続いていきます。第11章を読んだ後、またここに戻ってきて、ケンタ君が示す問題行動への対応を考えましょう。

135

第 1 部　応用行動分析学の基礎

特別演習　ケンタ君が示す自傷行動への対応を考え、グループや全体で共有しましょう。

第 10 章のまとめ

★シェイピングは、今までに起きたことのない「新しい行動」を形成するために用いられる方法である。

★シェイピングのステップには、「標的行動の定義→シェイピングを適用するかどうかの判断→起点となる行動の決定→シェイピングステップの選定→好子の選択→漸次的接近の分化強化」の6つがある。

★望ましい行動と問題行動のシェイピングにおいて、漸次的接近のプロセス自体は同じだが、保育者や教師がシェイピングを意識しているかどうかが異なる。

専門用語のまとめ

・シェイピング（shaping）：子どもが目標とする行動を獲得するまで、その行動への漸次的接近を分化強化していくこと。

・漸次的接近（successive approximation）：目標とする行動に徐々に近づけていくこと。

第2部
保育・学校場面への応用

第11章

行動問題の理解と支援

原口英之

1 行動問題の理解

（1）人と関わることが大好きなアオ君

　アオ君は小学校の通常学級に在籍する2年生の男子児童です。人と関わることが大好きで友だちも多く、休み時間はいつもクラスの友だちとテレビアニメやゲームの話をしたり、アニメのキャラクターになりきってごっこ遊びをしたりして過ごしています。授業中にも、隣や後ろの席の子どもに話しかけたり、離席して仲の良い友だちのところに話しに行ったりすることがあります。アオ君は手先が不器用なところがあり、特に字を書くことが苦手です。黒板に書かれた内容をノートに書き写したりプリントの問題を解いたりする際に、字の形が整わないために何度も書き直すため、他の子どもよりも時間がかかってしまいます。日によって、ノートやプリントに何も書かないこともあります。先生がアオ君のそばにつけば書くのですが、先生がそばにいないと離席して友だちに話しかけに行ってしまいます。アオ君のこのような言動は授業の妨げになることがあるため、先生はアオ君を注意したり、アオ君のそばに行って自分の席に戻るよう促したり、しばらくアオ君のそばで個別に指示したり説明したりしますが、先生が離れるとまた隣や後ろの席の子どもに話しかけてしまいます。

（2）問題行動と行動問題

　子どものある行動について、周囲の人が「問題」であると思うことがあります。そのような場合には、周囲の人はその行動を「問題行動」と呼び、「あの子どもは問題行動をよく起こす」「あの子どもがまた問題行動を起こした」などと話すことがあるでしょう。まるで病気の症状のように、始めから「問題行動」と呼ばれる行動は決まってい

て、その子どもがその行動を起こしたために、「問題行動を起こした」と考えるのでしょう。アオ君の例で考えてみましょう。アオ君の「問題行動」とはなんでしょうか？ 先生は、授業中にアオ君が離席することや他の子どもに話しかけることを「問題行動」と思っているようです。学校生活では様々なルールが定められていて、通常の授業では、授業に関係する行動（例えば、着席する、先生の説明を聞く、教科書を読む、ノートに書く、プリントの問題を解く、発表する）が求められます。一方で、授業の進行の妨げになる行動や授業とは関係のない行動（例えば、離席する、授業に関係のないことを発言する、他の子どもと話す、机に伏せる、手遊びをする、ノートやプリントに落書きをする）は望ましくないとされます。これらのことを踏まえると、授業中に他の子どもに話しかけるという行動は望ましくないと思われるため、「問題」とみなされるのは自然なことなのでしょう。しかしながら、他児に話しかけるという行動そのものが始めから「問題行動」と決められているわけではありません。他児に話しかけるという行動は、授業中という特定の場面や状況の中で「問題」とみなされるということなのです。このように考えると、実は「問題行動」という行動は始めから決められているというわけではなく、ある行動がある環境において「問題」と判断されるということなのです。それは、同じ行動であっても別の環境においては「問題」と判断されないことがあるということも意味します。例えば、休み時間にアオ君が他の子どもに話しかけることは決して「問題」とはみなされないでしょう。

「行動問題」という表現があることはご存じでしょうか。問題行動の書き間違えではありません。「行動問題」とは、ある行動が起こっていることが「問題」になっている状態を意味する用語です。そして、その行動が起こっている環境も併せて「問題」になっていることを意味しています。このように考えることで、「行動問題」の解決には、行動そのものだけでなく行動の生起に影響を与えている要因、つまり環境を改善することを目指すことができるようになります。一方で、「問題行動」という用語によって、その行動を病気の症状のように捉えてしまうと、「問題行動」そのものを改善する、さらには「問題行動」を起こす子どもを治す、ということだけを目指すことにつながってしまうおそれがあります。アオ君の例で考えてみましょう。アオ君の「行動問題」である授業中に他の子どもに話しかけるという行動を改善するには、他の子どもに話しかける行動をなくす（やめさせる）ことだけを目指すのではなく、その行動に影響している環境の要因を明らかにし、その環境を改善することによって、授業に関係する適切な行動（着席する、先生の説明を聞く、教科書を読む、ノートを書く、プリントの

第 2 部　保育・学校場面への応用

問題を解く、発表するなど）を増やす、ということを目指して支援を行うことが必要になるのです。その結果として、他の子どもに話しかける行動は低減すると思われます。

（3）行動問題の判断

　行動問題を理解するためには、その行動が問題かどうかを判断する必要があります。 行動が問題かどうかを判断する基準には、以下に示すようにいくつかの観点があります。ただし、いずれの観点も、どこまでが適切でありどこからが問題なのかを判断することが難しいため、子どもが同じ行動をしていても、ある先生は問題と判断し、ある先生は問題と判断しない場合があるかもしれません。そのため、それぞれの子どもに応じて、子どもに関わる周囲の人たちが複数で話し合いながら判断していくこと、共通理解していくことが必要になります。

1）生活年齢

　ある行動が年齢相応かどうかという観点です。例えば、幼い子どもであれば、園の先生を触ったり、先生にくっついたり抱きついたりすることは問題とみなされなくても、年齢が高くなると問題とみなされるようになるでしょう。何歳になると問題であるという絶対的な基準があるわけではありませんが、小学生になると、学校の先生を触ったり、先生にくっついたり抱きついたりすることは問題とみなされることが多いようです。

2）発達水準（発達年齢）

　ある行動がその子どもの発達水準から考えて適切かどうかという観点です。小学 1 年生であっても、例えば全体的な発達に遅れがあり発達水準が 3 〜 4 歳の子どもであれば、45 分の授業で着席し続けることが難しくて席を立ったり、先生の指示や説明を正確に理解できず、その指示や説明とは違った行動をしてしまったりしても、問題とはいえないかもしれません。ただし、その子どもの生活年齢も併せて判断することが必要になることもあります。

3）場面・状況

　ある行動が、それが起きている場面や状況において適切かどうかという観点です。例えば、休み時間に外で遊んでいるときに大声を出して友だちを呼んでも問題ではないで

すが、授業中に教室で大声を出して友だちを呼んだら問題とみなされてしまうでしょう。

4）頻度

　ある行動の頻度が極端に多かったり少なかったりするかどうかという観点です。行動そのものは問題でなくても、その頻度が問題とみなされるという意味です。例えば、1日に何回トイレに行くかは個人差があるため、問題となる回数の基準があるわけではありませんが（年齢的な平均値はあり、医学的な「頻尿」の基準はあります）、授業中に何度も行くようであれば、問題とみなされるでしょう。反対に、学校で1度もトイレに行かないということも、頻度が少なすぎて問題とみなされるでしょう。

5）強度

　ある行動の強度が極端に強かったり弱かったりするかどうかという観点です。行動そのものは問題でなくても、その強度が問題とみなされるという意味です。例えば、子どもが自分のしたい行動ができないとかんしゃくを起こす（怒ったり泣いたりするなど）ことがありますが、かんしゃくの程度が激しく、買ってほしい物があったときに毎回お店で寝転んで泣き叫んだりするようであれば、問題とみなされてしまうかもしれません。また、例えば、授業中の話し合い活動や発表の場面で、（緊張して）ささやくようなとても小さな声で話すことは問題とみなされてしまうかもしれません。

6）持続時間

　ある行動が持続する時間が極端に長かったり短かったりするかどうかという観点です。行動そのものは問題でなくても、その持続時間が問題とみなされるという意味です。例えば、小学生がじゃんけんに負けて1時間以上泣き続けたり、授業中に数分間しか座っていられずに立ち歩いてしまったりすることは問題とみなされてしまうでしょう。

7）社会的規範やルール

　社会的規範やルールから見て大きく逸脱する行動や、自分や他人を傷つけたり物を破壊したりする行動は問題とみなされるでしょう。そのような行動によって、その子ども本人や周囲の子どもの心や身体が傷ついたり、学習や活動への参加が妨げられてしまっ

たりするためです。

　しかし、このルールという観点から問題かどうかを判断することには、慎重さが求められることがあります。そのルール自体が適切かどうかの検討が必要となる場合があるためです。ルールが変わることで、問題とみなされていた行動が問題ではなくなるということがあります。例えば、筆者の経験になりますが、幼稚園での給食の時間のルールで、早く食べ終わった子どもは全員が食べ終わるまで待ち、みんなで一緒にごちそうさまをする、というルールが決められており、ある子どもがいつも早く食べ終わり待てずに席を立ってしまうため、その子どもは問題行動を起こす子どもと指摘されていました。その子どもが別の幼稚園に転園し、その園では食べ終わったら1人でごちそうさまをして静かに片付けをする、というルールであったために、その子どもの行動は問題でなくなり、むしろ適切な行動ができる子どもと見られるようになりました。どちらの園のルールが適切であるかを決めることは困難ですが、少なくとも、ルールという観点からある行動が問題かどうかを判断するには、ルールそのものも含めて検討することが必要な場合があります。

演習1 アオ君の事例では、授業中に他の子どもに話しかけるという行動は、上記の1）から7）の観点から問題とみなされる可能性があると思いますか。また、その理由を考えてみましょう。

観点	問題と……	理由
1）生活年齢	みなされる・みなされない	
2）発達水準（発達年齢）	みなされる・みなされない	
3）場面・状況	みなされる・みなされない	
4）頻度	みなされる・みなされない	
5）強度	みなされる・みなされない	
6）持続時間	みなされる・みなされない	
7）社会的規範やルール	みなされる・みなされない	

第11章 行動問題の理解と支援

アオ君の他の子どもに話しかけるという行動は、授業中に起こっているために問題とみなされるのだと思われます。これは、3）場面・状況の観点から判断されるといえるでしょう。アオ君が休み時間に他の子どもに話しかけたり、授業中であっても他の子どもと話し合うことが求められる時間で授業に関係することを話すのであれば、他の子どもに話しかけるという行動はむしろ適切な行動ということができるでしょう。また、他の子どもに話しかけるという行動は、7）社会規範やルールという観点から、つまり授業中のルールから見て逸脱していると判断され、問題とみなされてしまう可能性もあります。学校生活には様々なルールがあり、子どもはそれらのルールを守ることを求められます。そのため、ルールを守れない、つまりルールで示される行動とは別の行動をすることが問題と判断されてしまうのだと思われます。ほかにも、話しかける頻度が多かったり（4）頻度の観点）、話す声が大きかったり（5）強度の観点）、話し続ける時間が長かったり（6）持続時間の観点）することによって、問題とみなされてしまう可能性もあります。また、1）生活年齢の観点、2）発達水準（発達年齢）の観点からも、問題とみなされてしまう可能性があるでしょう。

（4）行動問題のアセスメントと解決のための支援

行動問題を解決するためには、問題となる行動がなぜ起きるのか、その背景や理由を理解することが必要になります。応用行動分析学では、「行動」を「個人と環境との相互作用」として理解します（第1章、第3章参照）。そのために、個人の特徴、例えば、現在のその人の発達水準や障害特性、得意なことや不得意なこと、身についているスキル、好みや嫌いなことなどを把握し、また、それらについての現在に至るまでの経過も把握します。さらに、現在のその人の行動に焦点を当て、その行動がどのような環境で起きやすいのかを把握します。ここでいう環境とは、時間や空間、周囲の人など個人を取り巻く全てを意味します。つまり、その行動が、いつ、どこで、誰が、何をしている場面や状況において起きやすいのかを把握します。問題となる行動についても同じように考えることができ、以上のような過程そのものを行動問題のアセスメントといいます。

行動問題のアセスメントは、行動問題を解決するために行うものです。本人、行動、環境についての幅広い情報によってアセスメントを行い、その結果を行動問題の解決に向けた支援に活用していきます。アセスメントの結果が支援に活用されなければ意味がありません。そして、支援に活用されたとしても行動問題の解決につながらなければ意

143

味がありません。支援に活用されても行動問題の解決につながらない場合には、なぜ行動の改善につながらないのかについてさらにアセスメントを行わなければなりません。このように、**行動問題を解決するためには、アセスメントと支援を循環させていくこと**が必要です。アオ君の例で考えてみましょう。アオ君の行動問題を解決するためには、アオ君の特徴を理解し、そして、アオ君の行動とその行動が起きている環境についてアセスメントを行い、行動の背景や理由を明らかにした上で、具体的な支援の計画を立てて実行し、その支援の評価と改善を行っていくことが求められます。

2 機能的アセスメント

　機能的アセスメント（functional behavior assessment）とは、行動とその行動が起きる前と後の環境に関する情報から、その行動の機能（第5章参照）、つまり、その**行動がある環境においてどのような目的を果たしているかを明らかにするための一連の過程を意味します。**そして、機能的アセスメントによって得られた情報は、適切な支援を行うための根拠になります。機能的アセスメントに基づく支援は、行動問題の解決方法として効果的であることが多数の研究によって実証されています。

　機能的アセスメントの実施方法にはいくつかの手続きがあり、よく用いられる方法として聞き取りと行動観察があります。聞き取りは、例えば、子どもと日々直接関わっている者（担任や保護者など）に、第三者（学校外の専門家など）がインタビューをして情報を収集する方法です。行動観察は、子どもの行動を直接観察して情報を収集する方法です。より良い支援を考えるためには、聞き取りと行動観察を組み合わせて情報を収集することが推奨されます。そして、収集した情報を先行事象、行動、結果事象の枠組みを用いて整理し、ABC分析を行うことで行動の機能を明らかにしていきます。

（1）情報の収集と整理

　機能的アセスメントを行うためには、問題となっている具体的な行動（起きている行動）は何か？　その行動の前後はどのような環境か？　行動によって、その前後の環境になんらかの変化が起きているか・起きていないか？　という情報が必須となります。図11-1に示したように、幅広い情報を収集していくことが一般的です。

○先行事象に関する情報
　・日時（日・曜日・時間帯）
　・場所
　・場面・状況
　・周囲の人・数
　・活動内容
　・周囲の人の本人への働きかけ（関わり、言葉がけ）
　・本人の心身の健康状態
○行動に関する情報
　・具体的な行為・動作
　・頻度
　・強度
　・持続時間
○結果事象に関する情報
　・物理的環境の変化
　・周囲の人の変化（反応や対応）
　・本人に生じる変化

図 11-1　機能的アセスメントで収集する情報の例

演習2 アオ君の事例を読んで、離席して他の子どもに話しかける行動について、ABC分析をしてみましょう。

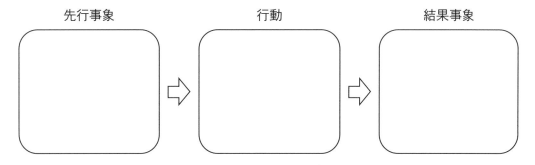

　担任の先生はアオ君の様子を観察し、右ページの図のように情報を整理しました。問題となっている具体的な行動として、離席して他の子どもに話しかける行動を取り上げ

ました。その行動が起きる前の場面や状況は、授業中、ノートに書く時間かプリントの問題を解く時間がほとんどであることが分かりました。離席して他の子どもに話しかける行動の後は、アオ君に話しかけられた他の子どもが応答する、先生がアオ君を注意する、先生がアオ君のそばに行って自分の席に戻す、自分の席に座った際に先生はそばについてノートに書くことやプリントの問題を解くことを指示したり励ましたりする（声を掛ける）というように整理することができました。また、日によっては、ノートに書いたりプリントの問題を解いたりすることを避けられるということもありました。

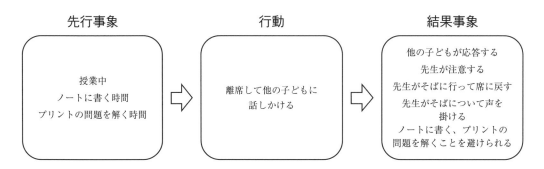

(2) ABC分析と機能の推定

集めた情報を整理したら、ABC分析を行って行動の機能を推定します。行動の前の環境を踏まえ、行動の後に起きた変化から、本人はどのようなことを得ることになったのか、また、どのようなことから逃れられることになったのか、つまり、好子出現による行動の強化を受けている行動なのか、嫌子消失による行動の強化を受けている行動なのか考えていきます（第3章参照）。そして、一般的には以下の3つの観点から行動の機能を推定していきます。

1) 好子出現による行動の強化：注目、要求、感覚の機能

行動の後に、周囲の注目を得ている場合、その行動は注目の機能を果たしていると考えられます。また、行動の後に、なんらかの物や活動を得ている場合には、その行動は要求の機能を果たしていると考えられます。それから、行動の後に、なんらかの感覚的な刺激を得ている場合には、その行動は感覚の機能を果たしていると考えられます。

2) 嫌子消失による行動の強化：逃避の機能

行動の後に、周囲の注目、物や活動、なんらかの感覚的な刺激から逃れられている場

第11章　行動問題の理解と支援

合、その行動は逃避の機能を果たしていると考えられます。

3）複数の機能が組み合わさっている場合

行動の後に起きている変化は、1つとは限らず、いくつかの変化が同時に起きている場合があります。そのため、行動の機能も複数の機能が組み合わさっていると考えられる場合があります。

> 演習
> **3**
>
> アオ君の、離席して他の子どもに話しかける行動の機能は何だと思いますか。演習2のABC分析に基づいて推定してみましょう。

収集した情報のABC分析の結果、離席して他の子どもに話しかける行動の後に他の子どもが応答するということから、アオ君の行動の機能は注目の機能だと推定されます。そして、先生が注意をしたり、アオ君のそばまで行って席に戻るように促したり、アオ君のそばについて声を掛けたりするということからも、注目の機能だと推定されます。また、アオ君は字を書くことが苦手であること、ノートに書いたりプリントの問題を解いたりする時間に離席して他の子どもに話しかけていることから、その時間はノートに書くことやプリントの問題を解くことをしなくて済んでいるため逃避の機能も推定されます。

③　機能的アセスメントに基づく個別的な支援の計画

ABC分析によって推定された機能を考慮しながら支援方法を計画していきます。支援方法は、適切な行動の指導、予防的な環境の設定、行動の後の対応の3つの観点から考えていきます。それぞれの方法を、図11-2のように、問題となる行動のABC分析に対応させて考えていくことがポイントです。支援方法は、具体的であり、効果的であり、現実の場面や状況で実行可能なものである方法を考える必要があります。また、

147

具体的な支援方法を1つに絞るのではなく、多数の支援方法を組み合わせることが必要になることが多くあるため、具体的な支援方法を複数考えることが重要になります。

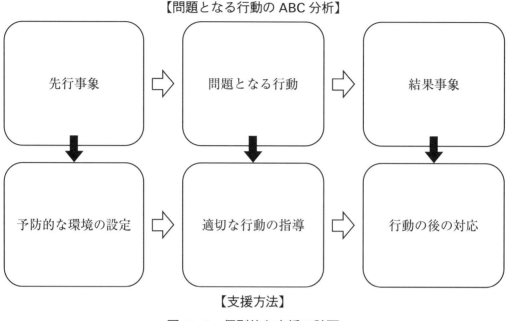

図11-2　個別的な支援の計画

(1) 適切な行動の指導

　問題となる行動と替わる適切な行動を増やすことを目標に定めます。機能的アセスメントによって推定された機能を踏まえ、問題となる行動と同じ機能を有していると思われるより適切な行動を指導する、もしくは、その機能を考慮しながらその場面や状況で期待される望ましい行動を指導する必要があります（第6章参照）。そのような指導によって子どもが適切な行動を身につけることができれば問題となる行動は低減されます。

　問題となる行動が注目の機能を有している場合には、適切な行動も注目の機能を有している行動を指導する必要があります。例えば、問題となる行動として、急に大声を出したり、自分の話したいことを話し始めたりする行動が注目の機能を有している場合には、その替わりの行動として、「先生、聞いてください」と発言したり、挙手して先生を呼んだりすることによって注目を得ることができれば、急に大声を出したり、自分の話したいことを話し始めたりする行動は低減されると思われます。問題となる行動が逃

避の機能を有している場合には、適切な行動も逃避の機能を有している行動を指導する必要があります。例えば、問題となる行動として、プリントを丸めたり、プリントに落書きしたりする行動が逃避の機能を有している場合には、その替わりの行動として、「先生、分かりません」と発言したり、分からない問題を飛ばして分かる問題のみ解くことによって、プリントを丸めたり、プリントに落書きしたりする行動は低減していくでしょう。

　しかしながら、実際には、授業中に先生を呼ぶことや、分からない問題を飛ばして分かる問題のみ解くことを適切な行動とは考えずに、むしろそれも問題と捉えて、そのような行動を指導したくないと考える人もいるかもしれません。なぜなら、授業中に先生を呼ぶことが頻発すれば授業の進行が妨げられる可能性がありますし、分からない問題を飛ばしてばかりいれば学習が進まない可能性があるためです。

　目標と定める適切な行動の判断が難しいことがありますが、行動問題の判断と同じように、その子どもの特徴に合わせて個別的に判断する必要があります。「先生、見てください」と発言する、挙手する、「先生、分かりません」と発言する、分からない問題を飛ばして分かる問題のみ解くなどの行動は、あくまでも現時点で考えた場合、現在起きている問題となる行動（急に大声を出す、自分の話したいことを話し始める、プリントを丸める、プリントに落書きをするなど）よりも適切な行動として、それらの行動を短期的な目標と定めて支援を開始し、中長期的な目標として発表するときに挙手する、プリントの問題を自分で考えて解くなどの行動を本人が身につけていけるように段階的に指導していくことが必要になるでしょう。

演習4　アオ君の、離席して他の子どもに話しかける行動と替わる適切な行動として、どのような行動が考えられるでしょうか。考えてみましょう。

　先生は、挙手して「先生！」と言って先生を呼ぶ行動を指導することにしました。この行動によって、アオ君は先生の注目を得ることができると考えられます。そして、先

第2部　保育・学校場面への応用

生がそばで個別に指示や説明を行うことによって、アオ君は先生の注目を得ることができると考えられます。併せて、書く量を減らして、少しの量でも、ノートに書く行動、プリントの問題を解く行動を指導することにしました。この行動によって、アオ君は文字を少しの量書くだけで済むようになる（多く書く活動を逃避できる）と考えられます。

（2）予防的な環境の設定

予防的な環境とは、問題となる行動が起こりにくい環境でかつ適切な行動が起こりやすい環境を意味します。

1）問題となる行動が起こりにくい環境

問題となる行動が起こりにくい環境を整えるためには、まずは、問題となる行動が起こりやすい環境について行動の機能から考えてみることが重要です。問題となる行動が注目、要求、感覚の機能を有している場合、先行事象は、注目、物や活動、感覚的な刺激が得られていないか不足している状況であるということが考えられます。このことから、問題となる行動が起こりにくい環境を作るためには、あらかじめ注目、物や活動、感覚的な刺激が得られる環境を作ることが必要であり、そのような環境を作ることで、問題となる行動を起こさずに済むと考えられます。一方で、問題となる行動が逃避の機能を有している場合、先行事象は、本人にとって嫌悪的な注目、物や活動、感覚的な刺激がある状況であるということが考えられます。このことから、問題となる行動が起こりにくい環境を作るためには、あらかじめ本人にとって嫌悪的な注目、物や活動、感覚的な刺激をなくしたり軽減したりすることが必要であり、そのような環境を作ることで、問題となる行動を起こさずに済むと考えられます。

演習
5
アオ君の、離席して他児に話しかける行動が起こりにくくなるように、どのような環境を整えるとよいと思いますか。考えてみましょう。

150

第11章　行動問題の理解と支援

　離席して他児に話しかける行動は、注目の機能を有していると考えられることから、授業中に先生がアオ君に声を掛けたり、他児と話し合ったりする時間を設定したりすることで、アオ君が先生や他の子どもからの注目を得ることができるようになると思われます。

　また、離席して他児に話しかける行動は、書くことからの逃避の機能を有していると考えられることから、ノートに書く分量を減らし、板書の大事な箇所のみ書き写したり、穴埋め式のプリントに記入するようにしたりすることで、アオ君が書くという活動を一部減らす（アオ君にとっては書かなくて済む）ことができるようなると思われます。可能であれば、タブレット端末を活用して文字を入力できるようにすることも考えられます。

　ほかにも、睡眠不足、疲労、空腹、体調不良など、心身の健康が良くない状態であることが、問題となる行動が起こりやすくなる要因になることがあります。心身の健康に影響する環境、例えば、生活習慣や日常的な過ごし方を改善することで、問題となる行動が起こりにくくなることがあります。

2）適切な行動が起こりやすい環境

　問題となる行動が起こりにくい環境を整えることによって、すぐに適切な行動が起こりやすくなるとは限りません。問題となる行動が起こりやすいために適切な行動が起こりにくいというような場合には、問題となる行動が起こりにくい環境を整えることによって適切な行動が起こりやすくなるかもしれませんが、本人がある場面や状況において適切な行動とはどのような行動なのかを理解している必要がありますし、実際にそのように行動するスキルが身についている必要があります。一方で、適切な行動が起こりにくいために問題となる行動が起こってしまうという場合があります。このような場合には、適切な行動が起こりにくい理由を明らかにし、適切な行動が起こりやすい環境を整える必要があります。

　行動が起こりやすい環境とは、行動のきっかけが明確であり理解できる環境です。例えば、どのような行動をすればよいのか、指示、説明、ルールを本人が理解できる方法で伝える、また、いつ行動すればよいのか、いつ行動をやめればよいのかという時間や、どこで行動すればよいのかという空間を本人にとって理解できるように整える必要があります。言葉だけでなく、文字やイラストで示しながら指示や説明をしたり、タイムスケジュールを掲示して授業の進め方の見通しをもたせたり、席の位置を変更したり

151

第2部　保育・学校場面への応用

することがこれに含まれます（第7章、第8章参照）。

演習6 アオ君の、次の行動が起こりやすくなるように、どのような環境を整えるとよいと思いますか。考えてみましょう。

適切な行動	環境の設定
挙手して「先生！」と言って先生を呼ぶ	
ノートに書く	
プリントの問題を解く	

　例えば、適切な行動として、挙手して「先生！」と言って先生を呼ぶ行動が起こりやすくなるために、授業中、先生にノートに書くように指示する際やプリントを配付した際に、「何を書いたらよいか分からないと思ったときは、手を挙げて先生を呼んでください。そして、先生がそばに行くまで待っていてください」と指示しておきます。ノートに書く行動が起こりやすくなるためには、書きやすいマス目のノートを活用したり、ノートに書き写す内容を減らして、板書の「ここだけ書いてください」と指示したりすることが考えられます。また、プリントの問題を解く行動が起きやすくするためには、穴埋め式のプリントを活用します。このように明確なきっかけを示すことによって、アオ君の適切な行動が起こりやすくなると考えられます。

（3）行動の後の対応

1）適切な行動の強化

　適切な行動が起こりやすくなるためには、適切な行動が強化されることが必要不可欠です。そのため、適切な行動を強化することは最も重要な支援方法といえます。アオ君の例で考えてみましょう。挙手して「先生！」と言って先生を呼ぶ行動が起こったときには、先生はアオ君に注目して声を掛けたり、そばに行って必要な援助を行ったりします。これは自然な好子になると考えられます。先生の指示通り挙手して呼べたことや待

てたことを褒めるのもよいでしょう。また、ノートを書いたことやプリントに取り組んだことについても褒めるとよいでしょう。そして、知識や理解できることが増えていくことが、アオ君にとって重要で自然な好子になると考えられます。

2）問題となる行動の消去

　問題となる行動によって、また、問題となる行動が起こっている場面や状況によって、その行動を消去することが難しい場合があります（第4章参照）。例えば、授業中の行動が注目の機能を有している場合、先生だけでなくクラスの他の子ども全員が全く注目しないようにすることは現実的ではありません。この場合、なるべく大きく注目しないという方法で対応していくことが重要です。それから、仮に問題となる行動の消去ができたとしても、問題となる行動の消去だけで適切な行動が起こるとは限らないため、1）の適切な行動の強化と併せて取り組むこと、つまり、分化強化を行うことが必要不可欠です（第6章参照）。アオ君の例で考えてみましょう。離席し他の子どもに話しかけたときには、他の子どもが「いまは授業中だから席に戻って」と穏やかに反応したり、先生もすぐに大きな声で注意するのではなく、少し見守ってからアオ君が席に戻ったときに声を掛けたりするのがよいでしょう。席に戻らないときには、先生がアオ君に近づきさりげなく声を掛けたり、ジェスチャーを用いて席に戻るように促したりするなどが考えられます。

　上述のアオ君の支援方法についてまとめると、図11-3のように示すことができます。

第2部　保育・学校場面への応用

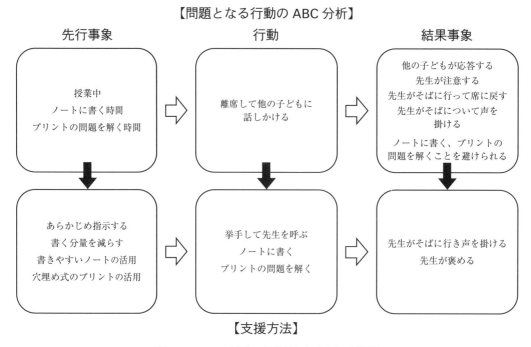

図11-3　アオ君の個別的な支援の計画

4 支援の実行と評価・改善

　機能的アセスメントも計画に沿った支援も1回行って終わりではありません。機能的アセスメントに基づいて計画した支援を実行していきながら、子どもの行動について定期的に、継続的に評価を行うことが必要となります。支援者の行動と子どもの行動に関するデータを記録していき、その記録に基づいて評価を行います。このように、**アセスメント、計画、実行、評価という過程を繰り返し行っていくことで、行動問題の解決を目指していきます。**

（1）支援の実行度

　支援の実行度とは、計画に基づいた支援を実際に実行したか否か、実行した程度のことです。つまり支援者の行動を評価します。支援の実行度の評価が必要なのは、例えば、子どもの行動が変化しなかった場合に、それは支援方法が有効ではなかったからなのか、それとも、そもそも支援を実行しなかったからなのかを区別するためです。支援の効果を評価するためには、前提条件として、支援を確実に実行していなければなりま

せん。そのために、支援の実行度に関する評価が必要となります。子どもの行動が改善しない場合で、支援の実行度が低い場合にはまずは支援の実行度を高める必要がありますし、もし実行度が低いままであるならば、その要因について明らかにし、確実に実行できる支援方法に変更することが求められます。子どもの行動が改善しない場合で、支援の実行度が高い場合には、それは支援方法が有効ではないという可能性があり、支援方法を変更することが求められます。支援を実行できなかった場合であっても、子どもの行動がなんらかの要因によって改善することがあります。子どもの行動が改善したという意味ではよい結果ということができるかもしれませんが、その要因は計画した支援以外にあると考えられ、それは厳密に言えば、計画した支援が効果的だったということを意味しません。むしろ、立てた計画は有効でなかったということを意味します。

（2）支援の効果

　子どもの行動の変化として、目標に定めた適切な行動が増えたか、問題となる行動が低減したかを評価します。計画に沿った支援を実行し、行動の改善が認められた場合には、計画に沿った支援を継続します。改善が十分に認められた場合、その計画に沿った支援を終了します。ただし、ここでいう支援の終了というのは、子どもに何もしなくてよいということではなく、あくまでも計画した支援の終了という意味です。実際には、新たな目標を設定して支援を計画しその支援を実行したり、計画を立てなくとも日常的に必要な配慮や関わり方の工夫を実行したりすることは必要となるでしょう。改善が認められない場合には、改善が認められない要因を検討する必要があります。改めて、機能的アセスメントを行い、支援の計画を見直し、目標や支援方法を改善することが必要です。計画した支援を実行していきながら、支援者と子どもの行動に関するデータを定期的に、継続的に記録していくことが、その時点でのアセスメントのための有用な情報となります。

┌─ 第 11 章のまとめ ─────────────────────────────

・行動問題の解決のために、行動が問題かどうかを判断した上で、問題となる行動の機能的アセスメントを行う。

・機能的アセスメントの結果に基づいて、適切な行動の指導、予防的な環境の設定、行動の後の対応の３つの観点から支援方法を計画する。

・アセスメント、計画、実行、評価という過程を繰り返し行っていくことで、行動

第 2 部　保育・学校場面への応用

問題の解決を目指す。

> ─ 専門用語のまとめ ─
> ・**行動問題**：ある行動が起こっていることが「問題」になっている状態を表す。
> ・**機能的アセスメント／機能的行動アセスメント**（functional behavior assessment）：行動とその行動が起きる前と後の環境に関する情報を収集し、行動の機能を明らかにする方法。

【演習 1 の回答例】

観点	問題と……	理由
1）生活年齢	みなされる	小学 2 年生という生活年齢から、問題とみなされる可能性がある
2）発達水準（発達年齢）	みなされる	発達に遅れがない場合、小学 2 年生という発達水準（発達年齢）から、問題とみなされる可能性がある
3）場面・状況	みなされる	授業に関係のない内容である場合、問題とみされる可能性がある
4）頻度	みなされる	頻度が多い場合、問題とみなされる可能性がある
5）強度	みなされる	話す声が大きい場合、問題とみなされる可能性がある
6）持続時間	みなされる	話し続ける時間が長い場合、問題とみなされる可能性がある
7）社会的規範やルール	みなされる	授業に関係のない内容である場合、問題とみなされる可能性がある

第 11 章　行動問題の理解と支援

【演習 3 の回答例】

・他の子どもが応答する、先生が注意する、先生がそばに行って席に戻す、先生が
そばについて声を掛けるということから、注目の機能だと推定される
・ノートに書いたりプリントの問題を解いたりすることを避けられるということか
ら、逃避の機能だと推定される

【演習 4 の回答例】

・挙手して「先生！」と言って先生を呼ぶ
・ノートに書く
・プリントの問題を解く

【演習 5 の回答例】

・授業中に先生が声を掛ける
・他児と話し合う時間を設定する
・書く活動や分量を減らす
・タブレット端末を活用する

【演習 6 の回答例】

適切な行動	環境の設定
挙手して「先生！」と言って先生を呼ぶ	・あらかじめ、分からないときには先生を呼び、先生が行くまで待つことを伝えておく
ノートに書く	・書きやすいマス目のノートを活用する ・ノートに書き写す内容を減らす
プリントの問題を解く	・穴埋め式のプリントを活用する

157

第 12 章

学習面の支援

丹治敬之

1 スモールステップでゆっくりとできるようになる アシト君

　アシト君は特別支援学校小学部に在籍する 2 年生の男子児童で、知的障害と ASD の診断があります。アシト君は、1 〜 2 語発話でコミュニケーションをとれますが、ふだんは積極的に先生や友だちとおしゃべりをすることは少なく、基本は 1 人で過ごしていることが多いです。シンボルや絵表示を理解することができ、文字への興味も出てきています。ひらがなは、50 音（清音と撥音）、濁音、半濁音は 1 文字で読むことができましたが、拗音や促音などの特殊音節は未習得で勉強中でした。国語・算数の授業では、個別の学習時間が設定されており、ひらがな特殊音節は、イラストと文字単語が同じ面にあるカード（例えば、お茶のイラストと「おちゃ」の文字が印刷されたカード）を見て読む練習をしていました。イラストを手がかりに、文字を読む様子は見られていたのですが、いざ、文字だけのカードを見せたときは、全く読めずに、天井を見る、顔の前で手をひらひらさせる、ウーと唸って体を揺らす行動などがみられるようになります。注意・集中が難しい場面も見られ、教材への注目にも支援が必要なようでした。

演 習

1 なぜ、アシト君の文字指導がうまくいかなかったのかを考えてみましょう。

先生は自分の指導がうまくいっていないことを感じていました。そこで、まずはアシト君が何を学習しているのか、何ができるのかについて振り返って考えてみることにしました。まず、①特殊音節を含む物の名前はいくつか知っていました。例えば、おちゃ、きゅうり、こっぷなどです。お茶の写真やイラストを見て、「おちゃ（o-cha）」と呼称する行動はできていました。一方で、「せっけん」「きっぷ」など、本人がよく知らないために、すぐには答えられない単語もあるようでした。次に、②文字単語を見て読む行動ですが、特殊音節の単語の場合、「おちゃ」であれば「おちや（o-chi-ya）」と、小文字部分を清音読みしてしまう反応が見られていました。あるいは、全く読めずに、天井を見る、顔の前で手をひらひらさせる、ウーと唸って体を揺らす行動などがみられていました。③絵と文字を一緒に見せたときは、単語を「読む」行動ができていました。例えば、お茶のイラストと「おちゃ」と描かれたカードを見て、「おちゃ」と読むことはできました。このような振り返りを、先生は図に描いて整理をしてみました。

演習2　下の図をもとに、アシト君のできていること、できていないこと、できそうなことを考えましょう。以下の記号間の矢印は、例えば、A→Cの場合「音声を聞いて文字単語を選ぶ」、B→Aの場合、「写真を見てそれを呼称（音声化）する」、C→Bの場合「文字単語を見て、写真を選ぶ」です。

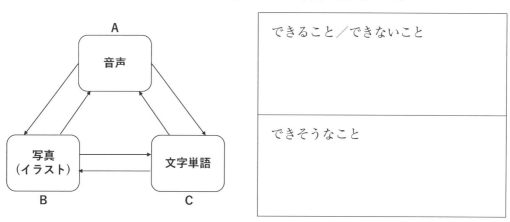

　以上の整理から、「言葉（単語）」によって、できることと、できないことがあることが分かりました。例えば、「おちゃ」は絵を見てすばやく言うことができる、「せっけん」は絵を見てもなかなか答えられない、写真を見て音声化はできない単語でも、「音声を聞いてイラストを選ぶ（A→B）」はできるかもしれないなどです。このように、図の関係性の中で、どこの部分はできていて、どこの部分はできそうなのかを整理する

第2部　保育・学校場面への応用

ことで、指導の道筋や指導内容のスモールステップも組みやすくなりそうです。アシト君にとって、「文字から音声化する（「文字→音声」（C→A）」学習をはじめからすると、全く読めずに、天井を見る、顔の前で手をひらひらさせる、ウーと唸って体を揺らす行動がみられていたので、例えば「写真（イラスト）↔音声（A→BあるいはB→A）」から始めて、「写真（イラスト）→文字（B→C）」とつなげていくとよさそうでした。先生は、まずはアシト君にとって馴染みのある単語を選び、「音声→写真（イラスト）」、「写真（イラスト）→音声」の学習、そのあとに「写真（イラスト）→文字」、「音声→文字」の順に指導を進めることにしました。

演習 3 アシト君が楽しくできそうなスモールステップの指導内容や教材を考えましょう。

指導が進むにつれて、特殊音節を含む言葉の名称を覚え（B→Aができ）、イラストに合う文字単語を選べる（B→Cができる）ようになっていきました。そこで試しに、文字単語に合うイラスト探しの課題（C→Bの課題）に取り組んだところ、指導をしていないにも関わらず、すぐに理解して正しく選ぶことができました。また、文字単語を見て読む（C→A）課題も、練習をしていないにも関わらず、扱った文字単語は読めるようになっていました。アシト君にとって、A→Bの課題で、「音声とイラストの関係」が結ばれ、B→Cの課題で、「イラストと文字の関係」が結ばれたようです。その結果、直接練習していない「C→A」の課題もできるようになり、「文字と音声の関係」も結ばれたといえます。このように、刺激間の関係図を用いて、できそうなところから指導を進めていくことで、スモールステップで学習のゴールに近づけていくことができました。

ただ、ここまではうまくいっているように見えましたが、次の問題が出てきました。

160

第 12 章　学習面の支援

それは、単語（特殊音節を含む文字列）では読めていましたが、特殊音節の文字だけ提示されたときは正確に読むことができないことでした。例えば、「おちゃ」では読めていたのに、「ちゃ」だけのときには読むことができなかったのです。

演習
4

アシト君が、特殊音節を読めないのはなぜでしょうか。その問題を解決するために、どのような指導が考えられるでしょうか。

　先生は、こちらが意図する**刺激性制御**（第 7 章参照）が成立していなかったということに気がつきました。つまり、先生が期待する『「ちゃ」（弁別刺激）のときは、「cha」と読む（行動）』という刺激性制御が成立していなかったのです。つまり、「ちゃ」の文字と「cha」の音との 1 対 1 対応の学習が十分にできていなかったといえます。そこで、以下のような新しい課題を導入しました。それは、①文字単語と絵をマッチングさせる学習に加え、文字列を 1 文字ずつ「構成する」課題、②ターゲットの特殊音節が語頭にくる単語（例えば、ちゃいむ、ちゃわん、ちゃいろ）を練習する課題でした。①は文字−音の対応関係の学習を目指して、②は語頭音に特殊音節の注目が向けられることで、より文字−音対応の学習が促進されることを願って導入したのでした。すると、単音を聞いて単文字を選ぶ（「音声→文字」）課題もできるようになっていき、だんだんと特殊音節の文字だけで提示されても、読めるようになっていきました。

　しかし、以上のような方法は必ずしもうまくいくとは限りません。実際に、先ほど説明したような①②の課題を導入しても、単語ではなく文字だけで提示されると、とたんに読むことができない子どもたちがいることが報告されています（例えば、坂本他, 2004；丹治他, 2016；丹治他, 2018）。では、その場合はどうしたらよいでしょうか。

161

第2部　保育・学校場面への応用

演習
5　①②の追加指導でもうまくいかなかった場合、どのような指導が考えられるでしょうか。

---

② 解説

（1）刺激等価性

　アシト君の文字指導には、**刺激等価性**（stimulus equivalence）とよばれる理論的枠組みが使用されています。刺激等価性とは、一部の刺激と刺激、刺激と反応の関係が強化されると、直接強化されていない別の刺激と刺激、刺激と反応の関係が派生的に形成されることです。例えば、図12-1の場合、ばななの「音声」と「イラスト」、ばななの「イラスト」と「文字」の関係が結ばれることで、ばななの「音声」と「文字」の関係が派生的に結ばれることは、その1つの例です。演習2で使用した図に戻ってみましょう。アシト君の文字指導も、刺激等価性の枠組みを活用した指導が展開されていることが分かると思います。刺激等価性は、応用行動分析学に基づく認知・言語の学習、例えば、ひらがな、カタカナ、漢字、英語、語彙、文法、算数、コミュニケーションなど、様々な領域で援用されてきた枠組みです。

（2）見本合わせ法

　刺激等価性に基づく認知・言語指導では、アシト君の指導でもあったように、**見本合わせ法**（matching-to-sample）がよく用いられます。見本合わせ法は、見本となる刺激に対して、選択肢の中から見本刺激と合う刺激を選ぶ反応が求められます。例えば、「みかん」という音声が見本刺激で提示され、選択肢に「みかん」「ばなな」「りんご」があるときは、「みかん」を選ぶことが強化されます。

162

図 12-1　刺激等価性の枠組みに基づく「音声」「イラスト」「文字」の関係

（3）構成見本合わせ法

　見本合わせ法の変法に、**構成見本合わせ法**（constructed-response matching-to-sample）があります。構成見本合わせ法は、見本刺激に合うように、選択肢にある刺激を順番に複数選択することが求められます。見本合わせ法に比べて、構成反応が求められますので、個々の刺激に注目して、順番に、刺激を選択する反応が必要です。そのため、例えば文字学習であれば、文字と音の1対1対応の関係を学習するときや、単語の綴りを学習するときに用いられる場合が多いです。見本合わせ法、構成見本合わせ法は、文字カードや絵カードなどを用いた机上の教材を用いる場合もありますが、今では一般の方でも利用可能なコンピュータ（PC）ソフト、もしくはアプリケーションが増えてきており、パソコン上やタブレット端末上の教材を用いることがあります。PCソフトやアプリケーション上では、課題実施が自動化されますので、子どもたち1人で取り組むことも可能です。さらに、取り組み状況や回答結果が自動集計されれば、その後の指導展開に活かすこともできるでしょう。

（4）刺激ペアリング法

近年では、見本合わせ法や構成見本合わせ法とは別に、刺激等価性の枠組みとともに使用される方法として、**刺激ペアリング法（stimulus pairing）** があります（石塚・山本，2019；野田・豊永，2017；大森，2019；Takahashi et al, 2011）。音声、文字、イラストなど2つ以上の刺激を、時間的・空間的に近づけて提示することで、刺激と刺激の関係性の学習を促す方法です。図12-2のうち、上段は、PCやタブレット画面上に映

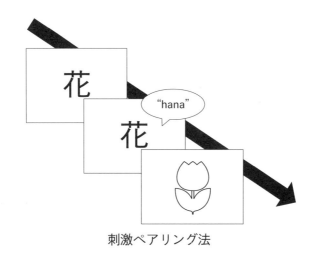

刺激ペアリング法

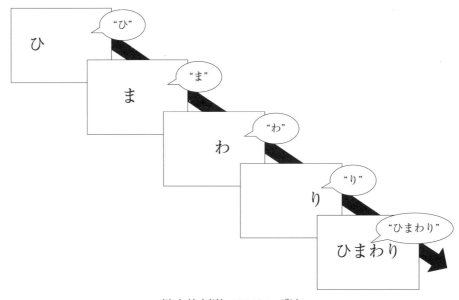

継次的刺激ペアリング法

図12-2　刺激ペアリング法のイメージ例

し出された漢字と音声とイラストが、順番にすばやく提示され、それを学習者が観察することを通して、刺激間の関係を学習する方法です。下段は、継次的刺激ペアリング法（sequential stimulus pairing）で、例えば文字の学習であれば、文字列内の文字とその読み上げ音の対提示から、1文字–1音の対応関係と文字列の読みの学習を促す方法です。

（5）プロンプト・フェイディングの応用

　演習5では、構成見本合わせ法を用いても、うまくいかない場合を想定した指導案を考えたと思います。この場合、①特殊音節の音に注目すること、②注目した音と文字との対応関係の学習をより焦点化することがさらに求められるといえるでしょう。例えば、「ちゃ」と「ちや」の弁別をする見本合わせ法の指導や、「ちゃ」の文字カードの端に、ヒントとして「お茶」のイラストを添えて、そのイラストをだんだんと小さくして、最終的には「ちゃ」の文字カードだけで読むことができるように展開していく、**プロンプト・フェイディング**（第8章参照）を応用した指導が考えられます。ほかにも、きゅうりのイラストと「きゅ」の文字が印字されたカードを見て、最初は「きゅうりの『きゅ』」と読むことから始めて、次に「きゅ」の文字だけが印字されたカードを見て、「きゅうりの『きゅ』」が言うことができるようになるまで練習するようなプロンプト・フェイディングの方法もあります（丹治他，2015）。

第12章のまとめ

★子どもが何を学んでいるか、刺激性制御から考えてみる。

★刺激等価性の枠組みを使って、スモールステップの読み支援ができる。

★刺激等価性とセットで活用される方法として、見本合わせ法、構成見本合わせ法、刺激ペアリング法がある。

専門用語のまとめ

・**刺激等価性**（stimulus equivalence）：一部の刺激と刺激、刺激と反応の関係が強化されると、直接強化されていない別の刺激と刺激、刺激と反応の関係が派生的に形成されること。

・**見本合わせ法**（matching-to-sample）：見本となる刺激に対して、選択肢の中から見本刺激と合う刺激を選ぶことで、刺激と刺激の関係性の学習を促す方法。

第 2 部　保育・学校場面への応用

- **構成見本合わせ法**（constructed-response matching-to-sample）：見本刺激に合うように、選択肢にある個々の刺激に注目して、順番に刺激を選択することで、刺激と刺激の関係性の学習を促す方法。
- **刺激ペアリング法**（stimulus pairing）：音声、文字、イラストなど 2 つ以上の刺激を、時間的・空間的に近づけて提示することで、刺激と刺激の関係性の学習を促す方法。

【演習 1 の回答例】

- イラストの手がかりがないから
- イラストを手がかりに読んでいた状況で、特殊音節を読む行動ができる状況ではなかったから
- 文字だけの手がかりだと、特殊音節の文字を読むことができないから
- 「読む」ことができず、天井を見る、顔の前で手をひらひらさせる行動が出やすい状況になっているから
- 教材への注目、注意集中ができていないので、読む学習ができる状況になっていないから

【演習 2 の回答例】

できること
- 音声を聞いて、対応する言葉のイラストを選ぶ
- イラストを見て、その名称を音声化（発音）できる

できないこと
- 文字単語を見て、正しく読む（音声化する）

できそうなこと
- イラストを見て、それを手がかりに文字単語を選ぶ
- 文字単語を見て、イラストを選ぶ
- 音声を聞いて、文字単語を選ぶ
- 文字の手本を見ながら、1 つずつ文字を選んで並べて、文字単語をつくる

第 12 章　学習面の支援

【演習 3 の回答例】

教材や指導内容

・注目しやすいように、タブレットの画面に写真と文字を提示して、指差しで選ぶと「ピンポーン」と正解音が鳴ったり、好きな画像がフィードバックされたりする教材

・写真をスタート地点、対応する文字単語をゴール地点とする、迷路のような線結び教材

・文字単語カードを見て、同じ言葉のイラストを探すゲームのような教材

【演習 4 の回答例】

・1 文字 –1 音対応関係の学習が不十分

　→語頭音に標的の文字を設定したカルタ教材や、「〇〇の『あ』」のような読み音フレーズを導入した教材

・単語では読めるが、単語内の音と文字の対応が不十分

　→単語ベースで学習するのではなく、1 文字ずつ注目できるように、文字列を 1 つずつ構成して単語を完成させる教材

【演習 5 の回答例】

・文字の読み音を思い出しやすく、記憶に残りやすいように、好きなもの（例：好きなゲーム、キャラクターなど）の名前を使って、ひらがなの読み音を学習できる教材を考える

・なぞったり、見て写したり、書く（運動する）ことで形をなぞったり、音を覚えたりしやすい教材を考える

・単音を聞いて、単文字を選ぶ（例：「あ」の音を聞いて、「あ」の文字を選ぶ）教材

167

文献

石塚祐香・山本淳一（2019）就学前の自閉スペクトラム症児に対する継次的刺激ペアリング手続きを用いた語読みの獲得．行動分析学研究，34(1)，2-19.

野田航・豊永博子（2017）知的障害のある児童の漢字熟語の読みに対する刺激ペアリング手続きの効果と般化および社会的妥当性の検討．行動分析学研究，31(2)，153-162.

大森幹真（2019）学習支援における行動の計測と制御：応用行動分析における工学的手法の応用．計測と制御，58(6)，415-418.

坂本真紀・比留間みゆ希・細川美由紀・今中美和子・前川久男（2004）聴覚的な継次処理に特異的な困難を示す男児に対するひらがな読み指導．LD研究，13(1)，3-12.

Takahashi, K., Yamamoto, J., & Noro, F. (2011) Stimulus paring training in students with autism spectrum disorder. *Research in Autism Spectrum Disorders*, 5(1), 547-553.

丹治敬之・勝岡大輔・長田恵子・重永多恵（2018）知的障害特別支援学校の国語における刺激等価性の枠組みに基づく読み学習支援アプリの導入：児童生徒の学習効果と教師にとっての有用性の検討．LD研究，27(3)，314-330.

丹治敬之・三宅康勝・角原佳介・松永鈴加（2016）特別支援学校小学部のことば・かずの授業における継続的な評価に基づく実践：大学との連携を通して．LD研究，25(1)，77-91.

丹治敬之・野呂文行・有路佳子（2015）ひらがな拗音の読みが困難な2事例に対する拗音読みの習得状況に応じた指導法の選択とその効果の検討．行動療法研究，41(3)，239-250.

第13章

行動面の支援

原口英之

1 行動的スキルトレーニング

（1）他の子どもの背中を押すリンちゃん

　リンちゃんは幼稚園の年長クラスに在籍する女の子です。クラスには20名の子ども が在籍しています。リンちゃんは、知的障害とASDの診断があります。園庭で走った り、滑り台やブランコで遊んだり、身体を動かすことが好きです。特に追いかけっこが 好きなため、クラスの子どもたちが鬼ごっこをしていると一緒に走ることがあります。 その際、ある子どもを追いかけてその子どもの背中を押すことがあります。押された子 どもは、リンちゃんに「やめて」と言ったり、やり返そうとしてリンちゃんを追いかけ たりします。また、押された子どもが倒れて怪我をしてしまうこともあります。このよ うなことが頻繁に起きており、リンちゃんの行動は他の子どもの怪我にもつながり危険 であるため、先生は、リンちゃんに、押す行動をなんとかやめさせたいと思い、他の子 どもを押すことがいけないことや相手が怪我をしてしまうことを説明したり、また、押 してしまったときは「ごめんなさい」と言うように指導して言わせたりしています。し かし、リンちゃんの行動は改善せず、先生は、そのような行動を防ぐためにリンちゃん から目を離せなくなっています。先生はリンちゃんの行動をどうしたらやめさせられる かと困っています。

169

第2部　保育・学校場面への応用

演習1 リンちゃんの、他児の背中を押す行動について、ABC分析を行い行動の機能（第5章、第11章参照）を考えましょう。

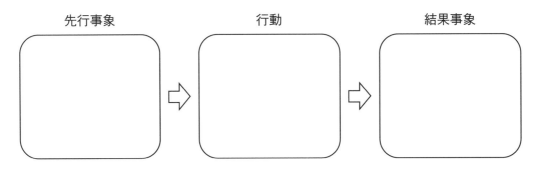

　先生は、リンちゃんの押す行動が見られたエピソードについて振り返りました。リンちゃんは走ることが好きであり、追いかけたり追いかけられたりすることを楽しむ様子や、他の子どもが「やめて」と言ったり倒れたりすることに対して笑顔が見られる様子から、リンちゃんの押す行動の機能は注目、要求、感覚の機能が複合していると考えました。

（2）支援

　先生は、リンちゃんが鬼ごっこのルールが分かっていないのではないかと考え、鬼ごっこのルールを教えようと考えました。しかし、リンちゃんが、誰から逃げればよいか、また、もしタッチされて鬼になったときに誰を追いかければよいかを理解すること、そして、走りながらタッチをするために力の加減をコントロールすることが難しいかもしれないと考えました。追いかけてタッチをするという行動が押すことに近い行動であるため、押す行動が増えてしまうかもしれないと考え、しっぽ取りを教えることに決めました。

第13章　行動面の支援

演習 2　しっぽ取りのルールやスキルをどのように教えますか。

　先生は、しっぽ取りのルールやスキルを次のように教えることにしました。まずは、室内（ホール）で先生と1対1で行うことにしました。先生は、登園後の園庭遊びの時間に、他の子どもたちが園庭で遊んでいるときに、ホールでリンちゃんにしっぽに見立てる紐を見せ、そのしっぽを先生のズボンの後ろの腰の部分に挟んで見せました。それから、「リンちゃん、これは先生のしっぽです。これから、しっぽ取りという遊びをします。リンちゃんが先生のしっぽを取ってね」と伝え、先生が自分のしっぽを取る手本をリンちゃんに見せました。そして「では、先生は逃げるよ。よーいどん」と言って走って逃げ、リンちゃんに先生を追いかけてしっぽを取るように伝えました。すると、リンちゃんは、先生を追いかけて、すぐにしっぽを取ることができました（先生は走るスピードや場所を工夫して、リンちゃんがすぐにしっぽを取れるようにしました）。先生は、そこですぐに「リンちゃん、しっぽを取れたね！」とリンちゃんを褒めました。

演習 3　しっぽ取りで、しっぽを取る行動の教え方をABC分析してみましょう。

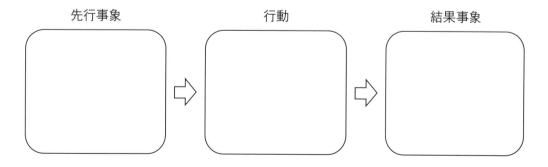

先行事象　　　　　行動　　　　　結果事象

別の日には、リンちゃんがしっぽをつけて、先生に取られないように逃げることを教えました。これまでと同じように説明したり手本を見せたりしながら、そして、追加でしっぽを取られたらどうするかを説明しました。ホールの隅にコーンを置き、「しっぽを取られたらコーンのところに行って、座って待つよ」と伝えました。実際に、先生が自分にしっぽをつけて、「取られちゃったー」と言ってしっぽを取り、コーンのところに行って座る動作も見せました。それから、しっぽ取りを始めました。そして、先生がリンちゃんのしっぽを取ったときに、「リンちゃん、取られちゃったよ。コーンのところに行って座るよ」と促し、リンちゃんがそのように行動できたときに、「そうだね、取られたら、コーンのところに座るんだよね。よく分かってるね!」とリンちゃんを褒めました。

演習 4 しっぽ取りで、しっぽを取られたときの行動の教え方を ABC 分析してみましょう。

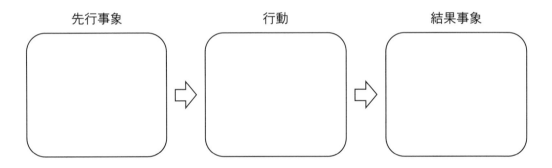

先生と一緒に遊べるようになったら、ホールで、他の子どもを数名入れて小集団でしっぽ取りを行いました。その際、先生はリンちゃんと同じ役になって、しっぽを取るときや逃げるときの行動のモデルを見せたり、声を掛けて促したりしました。ホールで、小集団でルールに従って遊べるようになったら、園庭でも同じように遊ぶようにしました。このようにして、リンちゃんは集団で遊べるようになり、他児を押す行動はなくなりました。

(3) 行動的スキルトレーニング

先生がリンちゃんにしっぽ取りを教えた方法を行動的スキルトレーニング(behavioral skills training)といいます。**行動的スキルトレーニングは、ある場面や状況で求め**

られる適切な行動（スキル）を指導するための方法です。行動的スキルトレーニングを用いて、コミュニケーションスキル、生活スキル、社会的スキルなど、様々なスキルを指導することができます。スキルを指導する際には、通常、教示（instruction）、モデル提示（modeling）、リハーサル（rehearsal）、フィードバック（feedback）が用いられます。フィードバックでは、正しい行動を強化すること（褒めるなど）、必要なときには、間違った行動を修正し、追加的な教示を行うことが含まれます。ただし、間違った行動であっても、否定したり、叱責したりするのではなく、行動したこと自体を褒めたり、少しでも良い行動を褒めたりすることが重要です。

　行動的スキルトレーニングは、現実の場面や状況で行うこともありますが、現実の場面や状況をシミュレートした環境で行い、スキルが身についた後に、現実の場面で実際に行うというように、段階的に指導していくことが一般的です。シミュレートした環境で行動が生起しても、現実の場面では行動が生起しない、つまり般化しないということもあるため、トレーニングを行うシミュレートした環境をできるだけ現実の場面や状況と類似させたり、シミュレートした環境で身についたスキルを現実の場面や状況でも練習したりすることが重要です。

　行動的スキルトレーニングには、スキルを学習するための三項随伴性が含まれています。教示とモデル提示は先行事象であり、リハーサルで正しい行動が生起した際には、結果事象としてフィードバックで強化を行います。間違った行動が生起した場合の修正や追加的な教示は、次のリハーサルでの先行事象となります。

2　トークンエコノミー

（1）園で荷物の整理や帰りの支度ができないミナト君

　ミナト君は幼稚園の年長クラスに在籍する男の子で、知的障害とASDの診断があります。クラスではミナト君のサポートをするための補助の支援員がついています。これまで児童発達支援センターに週5日通っていましたが、年長時から幼稚園を週に3日併用することになりました。ミナト君は、着替え、排泄、食事のスキルは自立しているのですが、園の生活で求められる登園後の荷物の整理や帰りの支度ができませんでした。登園してクラスの部屋に入室後すぐにリュックを床に置いて遊び始めたり、降園時も帰りの支度をしないで室内を歩き回ったりします。先生がミナト君のそばについて一つひ

とつ声を掛けたり手伝ったりすれば、ミナト君も荷物を出したり入れたりすることも多いのですが、日によっては全く応じられないときもあり、そのようなときには補助の支援員が全て替わりに行っています。先生は、ミナト君に、登園後にリュックから荷物を出したり、降園の前にはリュックに持ち帰る荷物をしまったりすることができるようになってほしいと考えています。

演習5 ミナト君の、登園後に荷物の整理をせずに遊ぶ行動について、ABC分析を行いましょう。

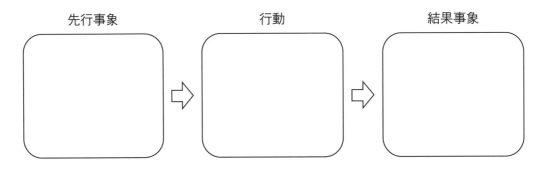

　先生は、まずは、登園後に荷物の整理を行うことを教える方法について考えました。児童発達支援センターと幼稚園では持ち物が異なり、登園後に行う必要がある行動や環境が異なることが影響していると考え、そのことによって、ミナト君が登園後に何をどのような順番で行えばよいのか理解できていないのではないか、また、荷物を整理する行動の結果事象に好子がなく、遊ぶ時間が減るという好子消失による行動の弱化が生じているのではないかと考えました。その一方で、登園後にすぐに遊べることはミナト君にとって楽しいため、荷物を整理する行動が起きず、遊ぶ行動が増えてしまうのは当然のことだろうと考えました。

第13章　行動面の支援

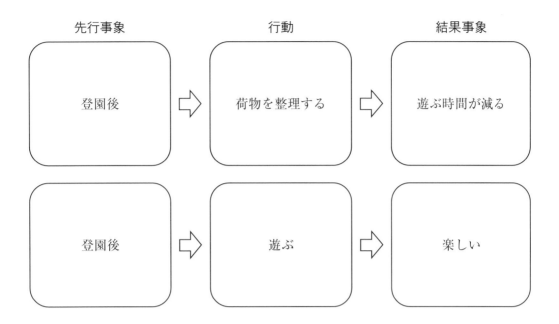

（2）支援

　先生は、ミナト君に、登園後にリュックからどの荷物をどこに出すのかなど、登園後にどのように行動すればよいのかの手順を教えることにしました。

演習6　登園後の行動の手順をどのように教えますか。

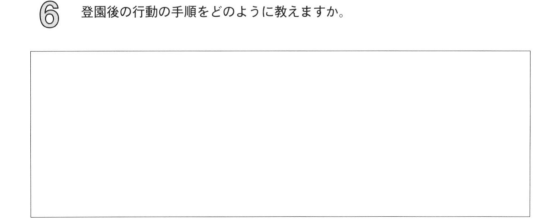

　先生は、まず、登園後に何をすればよいのかを順に書き出したシートを作成しました（図13-1）。そして、1つの行動ができたことが視覚的に分かるように、行動できたら先生がその行動の横に花丸を描いてミナト君を褒めることにしました。

175

第 2 部　保育・学校場面への応用

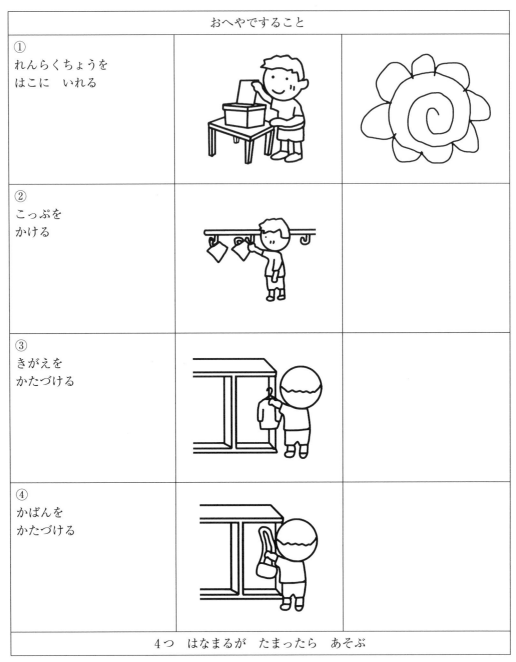

図 13-1　登園後の荷物整理の手順シート

　また、あらかじめ、ミナト君の好きな動物のパズル、塗り絵、図鑑を部屋に出しておかないで棚にしまっておくことにしました。ミナト君が登園後に必要な行動が全てできたときに、それらの玩具で遊べるようにしました。それから、先生によってミナト君へ

第 13 章　行動面の支援

の関わり方が異なってしまわないように、これらの支援の方法について、担任の先生と補助の支援員だけでなく、園の先生全員で共有しました。

演習7　ミナト君の、登園後に荷物を整理する行動の教え方をABC分析してみましょう。

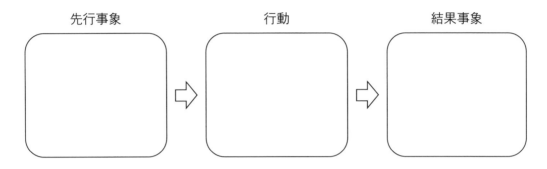

はじめは先生がミナト君にシートを見せて、順番に口頭で指示しながら荷物の整理を促していましたが、徐々に言葉がけがなくてもシートを見せるだけで、ミナト君が一連の行動を行えるようになってきました。

(3) トークンエコノミー

先生がミナト君に登園後に荷物を整理する行動を指導する際に活用した支援方法をトークンエコノミー（token economy）といいます。**トークンエコノミーは、トークン（シール、花丸など）と呼ばれる好子を使用して、支援の対象者の適切な行動を強化する方法です。**対象者はトークンを一定数貯めることによって、より大きな好子（遊ぶ、キャラクターシールなど）と交換できます。このトークンと交換できる好子のことをバックアップ好子（backup reinforces）といいます。このように、トークンエコノミーを使用する際には、あらかじめ、適切な行動を定義し、その適切な行動に随伴するトークンの種類と数を定める必要があります。さらに、バックアップ好子と交換できるトークンの数も決めておく必要があります。

ミナト君の支援の例では、トークンとして花丸が使用されました。標的行動は荷物を整理する行動であり、課題分析によって4つの具体的な行動が定義され、1つの具体的な行動に対して花丸は1つということが定められました。そして、4つ花丸が貯まったら（つまり、4つの具体的な行動ができたら）、バックアップ好子として好きな玩具で

第 2 部　保育・学校場面への応用

遊べることが決められました。

③ 行動契約

(1) 課題に 1 人で集中して取り組めないナギ君

　ナギ君は小学校の特別支援学級に在籍する 2 年生の男子児童で、ASD と ADHD の診断があります。同じクラスには 4 名の子どもが在籍しています。ナギ君は、独り言や先生に話しかけることが多くあります。電車や飛行機など乗り物についてたくさんの知識をもっているため、それに関連することをクイズにして先生に問題を出したり、先生に問題を出してもらうことを求めたりすることが特に好きなようです。一方で、他の子どもとはほとんど交流はありません。ナギ君は、文字の読み書きや計算はおおむね学年相応にできていますが、プリント課題に取り組む際には集中が続かず、数分すると離席して先生に話しかけることがあります。先生がその都度答えてから、「まだ終わってないよ」「席に戻って」「最後まで頑張って」などと伝えると席に戻ることができますが、その繰り返しです。先生がナギ君のそばについて 1 対 1 で、分からないときにはヒントを出したり教えたり、できているときには褒めたりすると、ナギ君は落ち着いて取り組めることがあります。しかし、クラスには他の子どももいるため、先生は、ナギ君につきっきりになるわけにはいかず、どうしたらナギ君が 1 人で静かにプリント課題に取り組んでくれるか悩んでいます。

演習 8　ナギ君の、授業中に 1 人でプリント課題に取り組んでいるときに先生に話しかける（クイズの問題を出す、クイズの問題を出すよう求める）行動について、ABC 分析を行いその行動の機能を考えましょう。

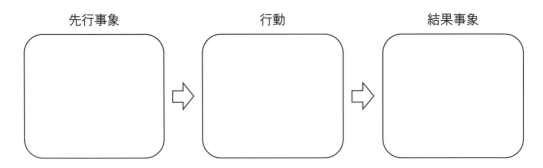

演習 9 ナギ君の、授業中に1人でプリント課題に取り組む行動について、ABC分析を行いましょう。

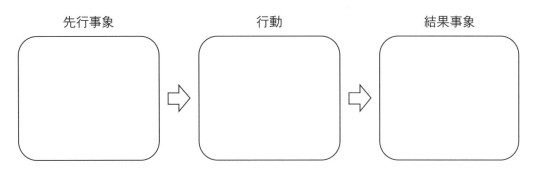

　先生は、ナギ君が授業中に1人でプリント課題に取り組んでいるときに、話しかけられてクイズの問題を出されるとその都度答えていました。また、「クイズの問題出して」と求められると「1問だけね」と問題を出していました。それは、先生が答えたり応じたりしないと、ナギ君は何度も同じ問題を出してきたり「問題出して」と要求してきたりすることと、1度答えて席に戻るように促せばナギ君が席に戻ることが多かったことから、周囲の子どもの集中の妨げにならないようにできるだけ短いやりとりで終わらせたかったためです。先生は、このような対応がナギ君の行動を強化していることに気がつきました。そして、ナギ君の先生に話しかけてクイズを出す行動やクイズの問題を要求する行動は、注目、要求の機能を有していると考えました。

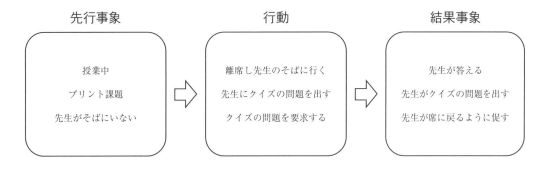

　一方で、ナギ君が1人でプリント課題に取り組んでいるときには、先生はナギ君の集中を妨げないようナギ君には話しかけず、先生自身の席に座ってクラスの子どもを見ていたり、他の子どものそばにいって見ていたりしていました。つまり、ナギ君が1人でプリント課題に取り組んでいるときには、ナギ君にはほとんど関わっていないこと、注

第 2 部　保育・学校場面への応用

目していないことに気がつきました。

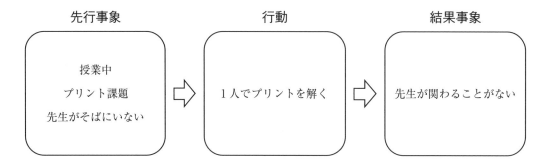

（2）支援

　先生は、ナギ君がプリントに取り組んでいるときに、「よく頑張っているね」などと声を掛けることにしました。しかし、声を掛けるタイミングによっては、それをきっ掛けにナギ君が話し始めてしまうことがありうまくいきませんでした。先生は、先生が声を掛けなくても、ナギ君に一定時間プリント課題に1人で取り組めるようになってほしいと考えました。

演習10　ナギ君に、一定時間プリント課題に1人で取り組むことをどのように教えますか。

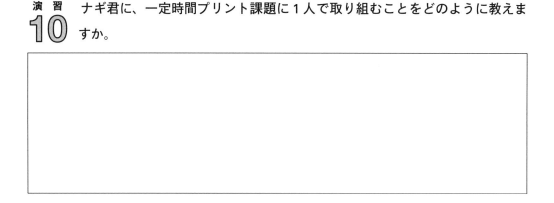

　先生は、ナギ君と話し合って約束を決めることにしました。はじめに、先生がナギ君に、5分間、自分の席で、静かにプリントの問題に取り組むよう伝えました。そして、この約束が守れたら授業の最後に3分間のご褒美タイムがあることを伝えました。ご褒美タイムの選択肢として、乗り物の図鑑を読む、クイズの本を読む、パソコンでクイズの問題に答えるを提示したところ、ナギ君は、パソコンでクイズの問題に答えることを

選びました。次に、もしこの約束が守れなかった場合には、ご褒美タイムはないことを伝えました。その際、約束が守れなかったという具体的な例として、途中でプリント課題をやめる、席を立つ、先生に話しかけてクイズを出す、先生にクイズを出してとお願いすることを伝えました。そして本人にこの約束を守れるかどうか尋ね、本人が同意したため、約束を書面にした上で内容を改めて説明し、ナギ君に名前を書いてもらい、先生も名前を書き、その書面を黒板に掲示しました（図13-2）。

_____月_____日　ナギ君と先生のやくそく

ナギ君ががんばること
　　→5分間、自分のせきで、しずかに、プリントのもんだいに答える

やくそくがまもれたら
　　→じゅぎょうのおわりに、3分間、パソコンでクイズのもんだいができる

やくそくがまもれなかったら
　｛とちゅうでやめる
　　せきを立つ
　　先生にクイズを出す
　　先生に「クイズ出して」と言う｝
　　→じゅぎょうのおわりに、パソコンでクイズのもんだいはできない

名前：　　　　　　　　　　　先生の名前：　　　　　　　　　　　

図13-2　授業の約束の文書

　毎日、授業の開始時に、ナギ君と約束の内容を確認し、名前を記入しました。そして、毎週、ご褒美に飽きていないかを確認するために、ご褒美タイムの内容を決める話し合いを行いました。この取り組みを始めてから、ナギ君は自分の席に座り1人で静かにプリントに取り組めることが増えていきました。

第 2 部　保育・学校場面への応用

演習 11　ナギ君の、授業中に 1 人でプリント課題に取り組む行動の教え方を ABC 分析してみましょう。

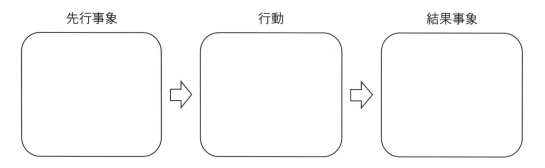

(3) 行動契約

　先生がナギ君と話し合い、1 人で静かにプリント課題に取り組むという約束をした方法を行動契約（behavior contract）といいます。**行動契約とは、先行事象の操作の 1 つであり、望ましい標的行動を増やす、あるいは望ましくない標的行動を減らすことを目的に、標的行動および標的行動の生起あるいは非生起に随伴する結果事象について、契約の当事者の同意事項を文書にしたものです**（Miltenberger, 2001）。行動契約の文書には、5 つの基本的な構成要素として、①標的行動、②標的行動の測定方法、③標的行動をいつ行うべきか、④強化・弱化の随伴性、⑤強化・弱化の随伴性を誰が実行するかが記載されます（Miltenberger, 2001）。行動契約には 2 つのタイプとして、一方の当事者の行動に関する契約と当事者双方の行動に関する契約があります（Miltenberger, 2001）。

　ナギ君の支援の例では、行動契約（ナギ君の年齢を考慮し、「ナギ君と先生のやくそく」と記載）として、標的行動（「ナギ君ががんばること」と記載）は、授業中の行動として、「5 分間、自分の席で静かにプリントの問題に答える」行動と定義されました。標的行動が生起した場合（「やくそくがまもれたら」と記載）には、「ご褒美タイム」として授業の終わりに 3 分間パソコンでクイズの問題ができること、生起しなかった場合（「やくそくがまもれなかったら」と記載）に「ご褒美タイム」がないこと（つまり、パソコンでクイズの問題はできない）が決められました。この契約は、ナギ君の行動に関する契約であったため、先生はナギ君と話し合いを行って、内容を分かりやすく説明し、ナギ君の希望も取り入れるなどして、ナギ君の同意を得るよう努めました。

第13章　行動面の支援

第13章のまとめ

・行動面の支援の方法には、行動的スキルトレーニング、トークンエコノミー、行動契約がある。

・行動的スキルトレーニングによって、支援対象者にある場面や状況で求められる適切な行動（スキル）を指導することができる。

・トークンエコノミーによって、支援対象者の適切な行動を強化することができる。

・行動契約によって、支援対象者の望ましい行動を増やす、あるいは望ましくない行動を減らすことができる。

専門用語のまとめ

・**行動的スキルトレーニング**（behavioral skills training）：教示、モデル提示、リハーサル、フィードバックを用いて、支援対象者に、ある場面や状況で求められる適切な行動（スキル）を指導する方法。

・**トークンエコノミー**（token economy）：好子であるトークン（ポイントなど）を使用して、支援対象者の適切な行動を強化する方法。トークンが一定数貯まったら、支援対象者により大きな好子を与える。

・**行動契約**（behavior contract）：支援対象者の望ましい標的行動を増やす、あるいは望ましくない標的行動を減らすために、標的行動および標的行動の生起あるいは非生起に随伴する結果事象について、支援者と支援対象者との同意事項を文書にして支援を行う方法。

【演習2の回答例】

・紙芝居や実演を見せながら、しっぽ取りのルールを説明する

・実際にしっぽを取ったり、取られたりする練習を行う

・しっぽを取られたときには、決められた場所に移動する練習を行う

183

第 2 部　保育・学校場面への応用

【演習 3 の回答例】

【演習 4 の回答例】

【演習 6 の回答例】

- 紙に手順を一つひとつ書き出して、一つひとつ順番に教える
- 先生や補助の支援員がそばについて、適宜声を掛けたり、援助したり、褒めたりする
- 全てが終わったときに遊べるようにする

第13章 行動面の支援

【演習7の回答例】

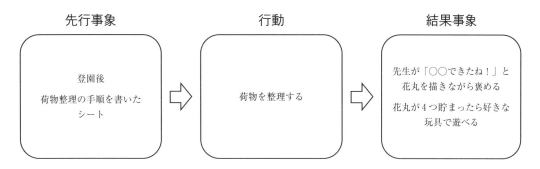

【演習10の回答例】

・ナギ君と話し合い、1人でプリントに取り組む時間を決める
・1人で取り組むことができたときのご褒美を決める

【演習11の回答例】

文献

Miltenberger, R. G.（2001）*Behavior Modification: Principles and Procedures*（2nd ed.）. Wadsworth. 園山繁樹・野呂文行・渡部匡隆・大石幸二訳（2006）行動変容法入門. 二瓶社. 399-415.

第14章

学級経営への応用

岩本佳世

1 通常学級での学級全体への支援と個別支援

（1）学級全体への支援

コウタ君、マナト君、ハル君は、同じ小学校の特別支援学級に在籍する3年生の男児です。3名ともに、ASD の診断を受けており、知的発達の遅れはありません。3名は、国語、算数、自立活動の授業を特別支援学級で受けていました。それ以外の時間については、通常学級への交流及び共同学習（以下、交流）を行っていました。

3年生の通常学級の児童数は、特別支援学級に在籍する ASD 児童3名を含めて36名でした。通常学級には、活発な児童が多く、児童同士の仲は良い印象でした。その一方で、朝学習のチャイムが鳴り終わっても、離席し、他児とおしゃべりをしたり戦いごっこをしたりして、朝学習に取り組めていない児童が、ASD 児童3名を含めて複数名いました。そのような児童たちの様子は、朝の会が始まり、1時間目の授業が開始されても続いていました。通常学級担任のタナカ先生は、朝学習のときに「静かにして！もう朝学習は始まっています！」と大声で学級全体に対して注意をしていました。また、学級全体に大声を張り上げてばかりいるのは望ましくないと考えることもあり、朝学習の準備ができていない児童に対し、個別に言葉がけをする日もありました。しかし、準備ができていない児童は毎日複数名いるため、一人ひとりに言葉がけをするのは難しく、労力の限界を感じていました。

コウタ君、マナト君、ハル君の担任である特別支援学級のヤマモト先生は、タナカ先生から相談を受けました。タナカ先生の支援ニーズは、「学級の児童全員が着席して学習に取り組めるようになってほしい」とのことでした。また、ヤマモト先生は、タナカ先生から「私は、朝から大きな声で子どもたちのことを注意してしまうことがありま

す。本当は、子どもたちの良いところを褒め、伸ばしていくような指導をしていきたいと思っているのですが…」ということも聴いていました。

ヤマモト先生は、朝の定刻に適切な行動を強化することで、1日の生活リズムが整うことを期待して、朝の準備場面を中心的な支援場面として、タナカ先生に提案しました。学級全児童の行動目標は準備行動とし、「午前8時15分までにランドセルをロッカーの中に入れて自分の席に座る」こととしました。学級全体への支援の手続きは、班（学級の生活班）全員が準備行動をした班全員に、お楽しみ券を渡すことでした。お楽しみ券は、中休みにタナカ先生とドッジボールができる券、昼休みに教室にあるオルガンを先に弾ける券、下校の挨拶をした後、先に教室から出られるシード券、本日のラッキーカラーおみくじ券といった学級の児童たちが好きなことを紙に書いて黒板に貼り、毎日入れ替えました。班は、1班4名で構成し、1〜2ヵ月に1回行われる席替えのタイミングで班のメンバー構成も変更しました。そして、班で記録係の児童を決めて、班のメンバーが準備行動をしたかどうかを評価しました。記録係は班のメンバーを固定しないで順番に担当しました。この記録係による記録に基づいて、タナカ先生が児童にお楽しみ券を渡すかどうかを決定しました。朝の会終了後にタナカ先生がサイコロを転がし、サイコロの出た目に応じてお楽しみ券の種類を決めました。

支援開始前、コウタ君とマナト君は、支援開始前は準備行動ができない日は、おしゃべりをする、戦いごっこをする、といった他児との関わりが生じていました。また、タナカ先生から注意を受ける日がありました。他児との関わりなどに好子が伴っていた一方で、準備行動に対しては明確な好子が随伴しない状態でした。学級全体への支援を開始してから、コウタ君とマナト君は、準備行動ができるようになりました。

第2部 保育・学校場面への応用

演習1 コウタ君とマナト君については、学級全体への支援のみで準備行動ができるようになりました。その要因について、ABC分析をして考えましょう。

〈支援前〉

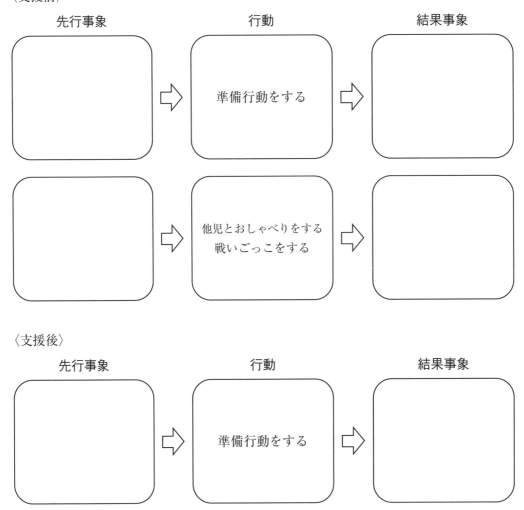

〈支援後〉

(2) 個別支援

　学級全体への支援を行い、2名（コウタ君とマナト君）については、朝の準備行動ができるようになりました。しかし、ハル君については、朝の準備行動ができる日もあればできない日もあり、十分な行動改善が見られませんでした。そこで、ヤマモト先生は、ハル君が準備行動をしないときに生起している問題行動の目的（機能）を推定するための行動アセスメントを行いました（第5章参照）。

ハル君は、登校する前に家で母親の指輪などのキラキラと光る物をポケットやランドセルの中に入れたり、登校中に拾ったキレイな石等をポケットの中に入れたりして、登校後にそれを持って、タナカ先生やクラスメートたちに見せ歩くといった問題行動が生起していました。ハル君は、教室に入室し、ランドセルを自分の席に置くと、学習用具を机の中にしまわないまま、石等を持って見せ歩いていました。ハル君は、クラスメートの反応を見て、うれしそうな表情を浮かべており、タナカ先生から注意されても笑顔でした。

　ヤマモト先生は、ハル君の問題行動について、機能的アセスメント（第11章参照）を行いました。ここでは、タナカ先生へのインタビューと朝の準備場面の行動観察を行いました。タナカ先生へのインタビューの質問項目・内容と回答を表14-1に示しました。

表14-1　タナカ先生へのインタビューの質問項目・内容と回答

質問項目・内容	回答
(1) 児童の得意なことや好きなこと 　何が得意で、どのようなことが好きですか	気持ちが穏やかなときはクラスメートや担任の先生に対し、やさしい態度で接することができ、課題に従事できる。カードや石等を集めたり並べたりすることが好き
(2)　問題行動に関すること 　①問題行動とは、どのような行動ですか 　②問題行動は、どのくらいの頻度で起こりますか 　③問題行動がいったん起こったら、どれくらい持続しますか 　④問題行動は、どれくらい危険なものですか	①石等を持って見せ歩く行動 ②ほぼ毎日、回数は日により異なる ③短いときは5分程度。長いときは1時間程続く ④土を掘ってガラスの破片を見つけ、他児に見せることがある
(3)　問題行動の前に起きていること 　①どのような状況が問題行動を引き起こしていますか 　②問題行動が最も起こりやすいのは、いつですか 　③問題行動が最も起こりにくいのは、いつですか 　④ある状態や出来事、または活動が問題行動を悪化させていませんか（睡眠不足、クラスメートとのトラブルなど）	①担任やクラスメートとの関わりが少ないとき ②登校後 ③社会や音楽など、調べ学習や操作を伴う課題を行っているとき ④あまり寝ていない様子のとき、朝寝坊したとき 　登校時や休み時間にクラスメートとのトラブルがあった次の授業開始時
(4)　問題行動の後に起きていること 　問題行動が起こった後は、たいていの場合、どのような結果を伴っていますか	担任やクラスメート、その他の教員が、児童に声掛けをしたり児童の話を聞いたりしている

第2部　保育・学校場面への応用

演習2　ハル君の問題行動（石等を持って見せ歩く行動）について、ABC分析を行って問題行動（石等を持って見せ歩く）が生起する前後で環境にどのような変化が生じているかを考えましょう。

　タナカ先生へのインタビュー内容と行動観察の結果から、ハル君の問題行動の機能は、タナカ先生やクラスメートに対する注目要求であると推定されました。

演習3 ハル君の問題行動（石等を持って見せ歩く行動）と同じ目的（機能）の代替行動（短期目標となる行動）を考えましょう。

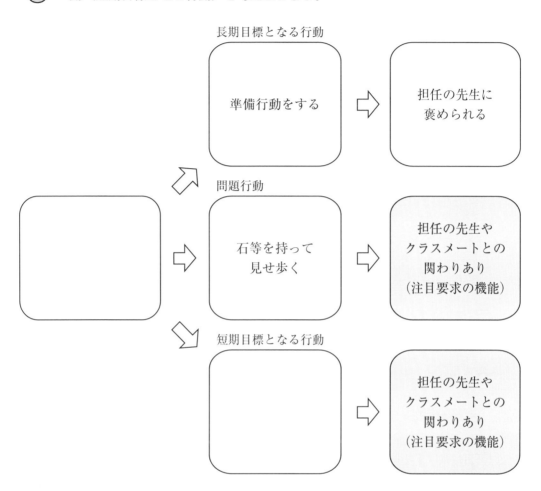

演習4 ハル君の問題行動（石等を持って見せ歩く行動）を減らし、適切行動（代替行動あるいは準備行動）を増やすための個別支援を考えましょう。

〈観点〉

・問題行動を予防するための支援、代替行動に関する支援、問題行動が起きた後の事後対応

第2部　保育・学校場面への応用

2 解説

（1）スクールワイド PBS

　PBS（Positive Behavior Support）とは、児童生徒の示す行動問題に対する支援システムのことであり、PBS のシステムを学級や学校全体に対する支援に適用したアプローチとして、スクールワイド PBS（School-wide Positive Behavior Support）があります。

　スクールワイド PBS では、階層的支援が推奨されています。階層的支援とは、第1次支援を学級全体あるいは学校全体に対して実施し、その支援では行動問題の改善が見られない児童生徒に対し、第2次支援（行動に対するフィードバックやモニタリングなどを必要とする児童生徒を対象とした支援）、第3次支援（専門的・集中的な個別化した行動支援）と順次支援を厚くしていく考え方になります（Sugai & Horner, 2009）。効果的な学級全体への支援を行うことで、個別支援を行わなくても行動変化が見られる児童生徒がいます。また、スクールワイド PBS では、集団支援で十分に行動改善が示されない児童生徒がいる場合、当該児童生徒の問題行動に対する機能的アセスメントを行い、その情報に基づいた個別支援が有効であることが示されています。

（2）集団随伴性

　本事例では、スクールワイド PBS の第1次支援や第2次支援として学級集団に適用されている集団随伴性に基づく支援が使用されています。集団随伴性（group-oriented contingency）は、報酬（好子、お楽しみ）の提示方法によって依存型、相互依存型、非依存型の3つの類型に分類されます（Litow & Pumroy, 1975）。依存型集団随伴性（dependent group-oriented contingency）では集団から選定されたメンバーの遂行成績によって、相互依存型集団随伴性（interdependent group-oriented contingency）では集団のメンバー全員の遂行成績によって、集団のメンバー全員の報酬の有無が決まります。一方、非依存型集団随伴性（independent group-oriented contingency）ではメンバー個人の遂行成績によって、当該の個人の報酬の有無が決まります。非依存型集団随伴性は個人随伴性ともいわれています。本事例は、「班全員が準備行動をした班全員にお楽しみ券を渡す」という学級全体への支援手続きが用いられているため、相互依存型集団随伴性に該当します。

192

相互依存型集団随伴性に基づく支援を実施しているときに、目標の行動ができない日が続いてしまう児童がいると、集団内で当該児童への非難や威圧的な態度が生じやすくなります。このような場合は、当該児童に個別支援を組み合わせることが必要です。目標の行動を遂行するためのスキルが不足している児童が存在する場合は、当該児童に対する個別支援（スキル形成など）を先行して導入します。当該児童が通級による指導を受けていたり、特別支援学級に在籍していたりする場合は、通級指導教室や特別支援学級で目標の行動のスキルトレーニングをすることも考えられます。

（3）集団支援と個別支援の好子

特定の児童が目標の行動を達成できない日が続く場合、その児童と同じ班のメンバーは、目標の行動ができてもお楽しみ（報酬、好子）がもらえない状況が続いてしまうため、集団支援の手続きを修正する（例えば、目標の行動をした児童個人に報酬を提示する非依存型集団随伴性に基づく支援に変更する）必要があります。

集団にとってのお楽しみ（報酬、好子：例えば、お楽しみ券、シールなど）は、必ずしも個人にとってもお楽しみになるとは限りません。そのため、ハル君の個別支援では、ハル君にとってのお楽しみを設定することが重要です。

学校場面で行う集団支援や個別支援のお楽しみ（報酬、好子）については、物よりも、人とのポジティブな相互作用、あるいは対象児童の好みの活動の方が望ましいです。対象児童にとって、人とのポジティブな関わりが社会的好子として機能していけるとよいからです。

＊本仮想事例は、岩本他（2018）の実践研究の事例を参考にして作成しました。集団随伴性に基づく支援は、小学校だけでなく、幼稚園・保育園・認定こども園、中学校、高等学校でも適用することができます。対象学級の幼児、児童、生徒の実態に即して、支援場面の選定、集団随伴性の類型の選択、集団随伴性の目標の行動の選定、グループの大きさやメンバー構成、お楽しみ（報酬、好子）の選定や提示方法等を考えていただけたらと思います。

③ 学級内の児童の向社会的行動を増やす支援

リコさんは、小学校の通常学級に在籍する5年生のADHDのある女子児童で、通級による指導を受けています。リコさんが在籍する通常学級の担任であるミヤシタ先生

第2部　保育・学校場面への応用

は、学級経営について悩んでいました。それは、リコさんを含め、友だち関係をうまく築けていない児童が学級内に多いことです。また、ミヤシタ先生は、学級の児童たちが他児に強い口調で話していることを気にしていました。ミヤシタ先生は、学級内でふわふわ言葉や態度（やさしい言葉、言い方、態度）を増やし、児童がお互いに良さを認め合い、お互いを大切にする温かい学級にしたいと思っています。

　学級の児童数は38名です。学級の児童が強い口調で話しているとき、ミヤシタ先生は、そんな言い方は良くないよと言って、注意をしていました。一方、児童のふわふわ言葉・態度については、道徳の授業で1回紹介しましたが、それ以降、特に指導はしていませんでした。

　リコさんは、週に2単位時間（45分×2）、自校通級で自立活動の授業を受けており、SSTを通して、ふわふわ言葉・態度について学んでいます。通級では、リコさんにふわふわ言葉・態度が見られた後、通級の先生たちは具体的な言葉を添えて、笑顔で褒めていました。しかし、通常学級では、リコさんのふわふわ言葉・態度は、あまり見られません。

　ミヤシタ先生は、温かい学級経営につながる取り組みがしたい、ということを通級担当のフカダ先生に相談しました。

　道徳の授業で児童が学習した「ふわふわ言葉・態度」を、日常生活の中で増やすためには、授業で1回紹介するだけでなく、児童がふわふわ言葉・態度を示した後に、その（言語）行動を強化する必要があると考えられます。しかし、担任1名で38名の児童がふわふわ言葉・態度を示した後に、毎回強化していくことは難しく、見逃してしまう可能性があります。そこで、フカダ先生は、ミヤシタ先生に「友だちのふわふわ言葉や態度を紙に書いて先生に報告する」という目標の行動を設定し、紙の枚数が基準（例：100枚）に達したら、学級活動の時間に、学級全員でお楽しみ会ができるという支援方法を紹介しました*。そして、児童が報告した紙は、教室内に貼り出したり、ミヤシタ先生が帰りの会で読み上げたりしました。この支援を開始してから、学級内にふわふわ言葉や態度を示す児童が増えてきました。リコさんも通常学級で他児にふわふわ言葉で話すことができるようになりました。

　＊学級全員の報告数（紙の枚数）が基準の数に到達した場合、学級全員がお楽しみ会に参加
　　できるという手続きは、相互依存型集団随伴性手続きと捉えることができます。

4 解説

（1）トゥートリング

　前の事例で紹介した支援は、トゥートリング（tootling：援助報告行動）手続きを用いた支援になります。トゥートリングとは、「仲間の向社会的行動を報告する行動」と定義されています（Skinner et al., 2000）。具体的な報告内容は、有益なコメントをくれた、難しい問題を教えてくれた、という仲間の向社会的行動です（Cihak et al., 2009）。

　トゥートリング手続きを用いた支援は、日本の学校の通常学級で実施されている、児童が見つけたクラスメートの良いところを帰りの会で発表する、道徳の授業を中心に「あったか言葉」「ふわふわ言葉・態度」などの児童の向社会的行動を紙に書いて教室や廊下などに貼り、学級内で児童の向社会的行動を増やすといった支援に近いイメージになります。

　トゥートリング手続きを用いた支援を行うときに、学級内あるいは班内で報告する児童が特定されていないか、いつも同じ児童の向社会的行動に対する報告になっていないかを担任の先生がモニタリングすることも大切です。学級全員が他児への向社会的行動をしたり、クラスメートの向社会的行動を見つけて報告したりできるような手続きを組み合わせられるとよいです。例えば、週に1回、帰りの会で隣の席の児童のやさしい言葉や行動を報告し合う機会を設けるといった手続きが考えられます。

（2）トゥートリング手続きと相互依存型集団随伴性の組み合わせ

　トゥートリング手続きを用いた支援は、他児の向社会的行動を報告する手続きだけでなく、相互依存型集団随伴性に基づく支援と教室内に紙を貼り出す、担任が紙に書かれた報告を読み上げる（public posting：公的掲示）手続きを組み合わせることにより、児童の援助報告行動は促進されることが先行研究（岩本・園山, 2021）で示されています。

　また、支援を行う前に、学級内の児童全員に援助報告スキルがあるかどうかを確認できるとよいです。班全員が援助報告をした班全員に、お楽しみ（例えば、シール）が渡されるという相互依存型集団随伴性手続きを用いる場合、援助報告できない児童がいると、同じ班のメンバーから当該児童への非難や威圧的な態度などが生じやすくなるから

第2部　保育・学校場面への応用

です。児童の援助報告スキルが不足している場合、あるいはスキルを遂行できない状況が続く場合は、当該児童が援助報告しやすい個別支援を組み合わせることが必要になります。

（3）通常学級、通級、特別支援学級の連携した支援

　通常学級に通級指導を受けている児童生徒がいたり、特別支援学級に在籍する児童生徒が交流したりしている場合、通常学級の担任の先生は、通級担当や特別支援学級担任の先生方と連携し、児童生徒の目標の行動や評価方法（強化する方法）などについて予め相談し、共有しておくことも大切です。通常学級、通級、特別支援学級の連携した支援は、人・場所・活動が変わる状況においても、児童生徒の目標の行動が生じやすくなると考えられるため、児童生徒にとってより良い支援につながります。

第14章のまとめ

★行動面に困難を示す児童生徒が学級内に複数名いた場合、効果的な学級全体への支援（例えば、集団随伴性に基づく支援）を行うことで、個別支援を行わなくても行動変化が見られる児童生徒がいる。

★集団支援で十分な行動変化が見られない児童生徒に対しては、機能的アセスメントを行い、その情報に基づいた個別支援が有効である。

★温かい学級経営につながる児童生徒の向社会的行動を増やすための支援方法として、トゥートリングと相互依存型集団随伴性を組み合わせた支援がある。

専門用語のまとめ

・**集団随伴性**（group-oriented contingency）：集団随伴性は、報酬の提示方法によって依存型、相互依存型、非依存型の3つの類型に分類される。

・**相互依存型集団随伴性**（interdependent group-oriented contingency）：集団のメンバー全員の遂行成績によって、集団のメンバー全員の報酬の有無が決まる強化随伴性。

・**トゥートリング**（tootling：**援助報告行動**）：仲間の向社会的行動を報告する行動と定義されている（Skinner et al., 2000）。

第14章　学級経営への応用

【演習1の回答例】

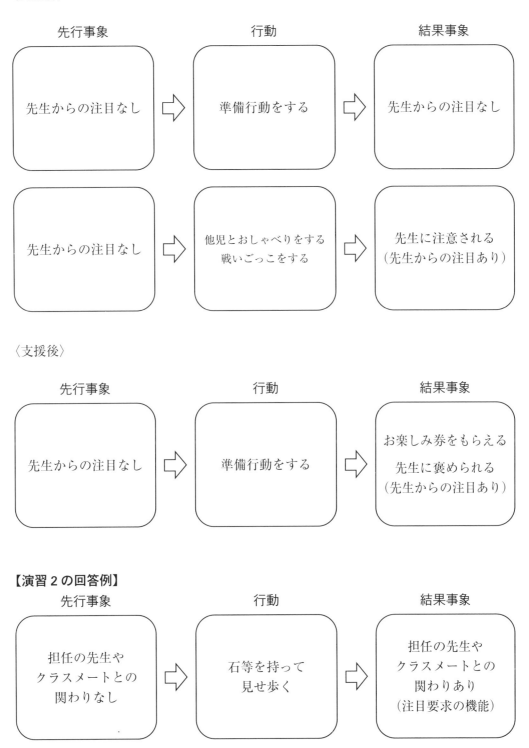

【演習2の回答例】

第 2 部　保育・学校場面への応用

【演習 3 の回答例】

・先行事象：先生やクラスメートとの関わりなし→短期目標となる行動：トークンカードを先生に渡す

【演習 4 の回答例】

・ハル君の問題行動（石等を持って見せ歩く行動）の目的（機能）は、担任の先生やクラスメートに対する注目要求であると推定されたため、同じ機能を有する代替行動をすることを短期目標とします。

・トークンエコノミー（第 13 章参照）を用いた個別支援では、目標の行動を集団支援での準備行動だけでなく、○時までに起きる等の目標の行動を加えます。トークンはキラキラシールを用いて、ポケットサイズのトークンカードを使用します。毎朝、トークンエコノミーを実施し、通常学級では担任の先生はハル君が目標の行動をした後にトークンカードにキラキラシールを貼ります（担任の先生からの注目を得られます）。母親は、週末にバックアップ好子（例えば、母親にマッサージをしてもらえる）をハル君に提示します。

・問題行動が起きた後、担任の先生はハル君に「今は何をするとき？」とやさしい言い方で一声掛け、石等を見ないようその場から離れるといった対応をします。ハル君が準備行動などの適切行動をしたら、担任の先生はハル君に笑顔でオッケーサインを送ります。

文献

Cihak, D. F., Kirk, E. R., & Boon, R. T. (2009) Effects of classwide positive peer "Tootling" to reduce the disruptive classroom behaviors of elementary students with and without disabilities. *Journal of Behavioral Education, 18*(4), 267-278.

岩本佳世・園山繁樹（2021）小学校通常学級におけるトゥートリングを促進させるための相互依存型集団随伴性に基づく支援の効果．教育心理学研究，69(3), 317-328.

岩本佳世・野呂文行・園山繁樹（2018）自閉スペクトラム症児童が在籍する小学校通常学級の朝の準備場面における相互依存型集団随伴性に基づく支援の効果．障害科学研究，42, 1-15.

Skinner, C. H., Cashwell, T. H., & Skinner, A. L. (2000) Increasing tootling: The effects of a peer-monitored interdependent group contingencies program on student's reports of peers' prosocial behaviors. *Psychology in the Schools, 37*(3), 263-270.

Sugai, G., & Horner, R. H. (2009) Responsiveness-to-intervention and school-wide positive behavior supports: Integration of multi-tiered system approaches. *Exceptionality, 17*(4), 223-237.

第15章

実践研究

岩本佳世

　応用行動分析学では、標的行動を測定することを行動アセスメント（behavioral assessment）といい、間接アセスメントと直接アセスメントがあります（Miltenberger, 2001）。間接アセスメントは、本人や関係者に対するインタビュー、質問紙（アンケート）、評定尺度を用いて、標的行動に関する情報を集める方法です。例えば、担任の先生が学級の児童たちの生活習慣に関する適応行動（早寝、早起き、朝ご飯を食べるなど）について調べるために、児童たちへのアンケートを実施します。一方、直接アセスメントは、標的行動の生起を直接観察し、記録します。例えば、朝の会で担任の先生は、生徒が出席しているかどうかを、（直接観察して）出席簿に記録します。応用行動分析学では、記録の正確性の面から、間接アセスメントよりも、直接アセスメントの方が多く用いられています。

　また、学校現場での実践研究、特に個別支援の場合は、対象児の実態把握を行うために、対象児に対する個別式検査の結果を活用することがあります。例えば、知的発達水準を評価する WISC™-Ⅳ、WISC™-Ⅴ、田中ビネー式知能検査Ⅴなどの知能検査、適応行動を評価する Vineland™-Ⅱ適応行動尺度、S-M 社会生活能力検査第3版といった検査があります。

　本章では、学校場面で実践研究を行うことを想定した直接アセスメントの方法を紹介します。そして、直接アセスメントで得られたデータ（標的行動の変容）を、研究デザインを用いて支援手続きの効果を検討する方法について説明します。最後に、応用行動分析学の実践研究では、社会的妥当性の評価も重要になるため、社会的妥当性について、評価指標の例を挙げながら説明します。

第2部　保育・学校場面への応用

1 標的行動の設定と観察・記録

（1）標的行動の設定

　対象児（対象学級）の相談内容や支援目標などをもとに、支援者（例えば、担任の先生）は、標的行動を考えます。対象児に問題行動が見られる場合は、問題行動を減らすことを目指し、問題行動を標的行動に設定することが多くなりますが、「パニック」などのように曖昧な表現を用いると、人によってイメージする行動が異なってしまいます。そのため、第3者が理解しやすいように、具体的な言葉を用いて、標的行動を操作的に定義することが必要になります（第1章参照）。例えば、「離席する（石を持って見せ歩く）」といった表現です。

　スクールワイドPBS（第14章参照）では、対象児のQOLを高めるために、適応行動、適切行動を増やしていく支援を大切にしています。従って、スクールワイドPBSの多くの実践研究は、「離席する」などの問題行動だけでなく、「着席する」「課題を行う」「やさしい言葉で話す」といった適応行動、適切行動も標的行動として設定しています。

　支援した場面のみ、対象児（対象学級の児童生徒）の標的行動が変容するだけでなく、対象児の標的行動が変容することによって、対象児あるいは周囲の人たちの生活場面や学習場面にどのようなメリットがもたらされるのか、という視点も標的行動を決定する上では重要です。また、支援を開始する前に、対象児の標的行動の変容をどの程度目指すのか、という到達目標についても関係者間で話し合い（保護者、特別支援教育コーディネーターなど）、検討しておくことで、次のステップとなる標的行動への移行、あるいは個別支援の終了などについて、共通理解しやすくなります。

（2）標的行動の観察・記録

　標的行動を観察・記録することにより、実際に標的行動が変化したかどうかを検証することができます。また、行動の変化を視覚的に分かりやすく示すために、テーブル（表）やグラフ（図）がよく用いられています。図15-1に仮想データによるABデザイン（207ページ参照）を用いた結果を示しました。

　標的行動を記録する際は、①記録方法がシンプルである（例えば、選択肢や記号を用

いる)、②記録者の負担が少ない（例えば、現在行っている記録に付加的に記録できるようにする)、③必要な情報がある（例えば、問題行動が起こる前のこと、問題行動に関すること、問題行動が起きた後のこと)、④問題行動が生起する状況だけでなく、適切行動が生起する状況や問題行動が起きない状況についても記録する、といったことに気をつけると、支援方法を検討する上で有益な情報を収集することができます。

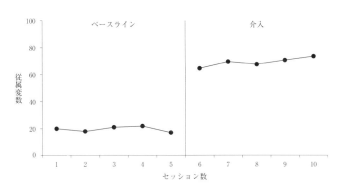

図15-1　仮想データによるABデザインを用いた結果

（事例）

　小学校の通常学級に在籍する2年生のサオリさんは、授業中に離席することがありますが、着席して授業を受けているときもあります。担任の先生は、時間割表を用いてサオリさんの離席の有無を記録し、離席した状況と離席しなかった状況を比較しました。表15-1は、サオリさんの離席の有無に関する記録の例になります。

表15-1　サオリさんの離席の有無に関する記録の例

時間	月	火	水	木	金
1時間目	学	国	国	音	国
2時間目	算	算	算	体	算
3時間目	音	図	生	国	生
4時間目	国	図	国	生	国
5時間目	体	国※	体	算	道
6時間目				学	

1週目：X年9月5日〜9月9日

時間	月	火	水	木	金
1時間目	学	国	国	音	国
2時間目	算	算	算	体	算
3時間目	音	図	生	国	生
4時間目	国	図	国	生	国
5時間目	体	国※	体	算	道
6時間目				学	

2週目：X年9月12日〜9月16日

※図書館で自分が選んだ本を読む
　表の灰色部分は離席有を示し、表の白色部分は離席無を示す。

第2部　保育・学校場面への応用

　国語の授業では、1週目と2週目ともに、8回の授業のうち、7回の授業で離席が見られました。離席が見られた授業は、黒板に書かれた内容をノートに書き写す（視写）、自分の考えをノートに書くといった課題が行われており、書く課題のときに離席していました。一方、離席が見られなかった授業は、図書館で自分が選んだ本を着席して読むといった課題でした。

　生活の授業では、1週目は離席が見られなかったのに対し、2週目は離席が見られました。1週目の授業は、校内の畑でミニトマトのなえに水やりをし、観察を行う課題でした。2週目の授業は、ミニトマトの葉、茎、実の見た目や手触り、感じたことなどを絵と文章で表現する課題でした。サオリさんの離席の有無に関する記録をもとに、サオリさんが離席した授業の回数の割合を表15-2に示しました。

表15-2　サオリさんが離席した授業の回数と割合

教科	授業時数（授業回数）	離席した授業回数	離席した割合	教科	授業時数（授業回数）	離席した授業回数	離席した割合
国語	8	7	87.5%	国語	8	7	87.5%
算数	5	0	0%	算数	5	0	0%
生活	3	0	0%	生活	3	3	100%
体育	3	0	0%	体育	3	0	0%
音楽	2	0	0%	音楽	2	0	0%
図工	2	0	0%	図工	2	0	0%
道徳	1	0	0%	道徳	1	0	0%
学活	2	0	0%	学活	2	0	0%
合計	26	7	26.9%	合計	26	10	38.5%

　　1週目：X年9月5日〜9月9日　　　　　　2週目：X年9月12日〜9月16日

※離席した授業の回数の割合＝「授業時数（授業回数）」÷「離席した授業回数」×100で算出されました

演習1 サオリさんが授業中に離席する要因を考えましょう。また、サオリさんが（離席をしないで）着席して授業を受けられるための支援方法を考えましょう。

（サオリさんが離席する要因）

（支援方法）

問題行動が生起する頻度が半年に1回など、たまに起こる場合、問題行動が起こる要因を特定するのは難しいですが、問題行動が定期的に起こる場合は、環境との不具合が生じている可能性が高くなります。問題行動の生起に関する記録を行うことにより、特定の教科（課題）、特定の時間（休み時間の後、給食の前など）、特定の人（説明の仕方や評価方法など）、特定の場所（体育館、音楽室など）といった問題行動が起こりやすい状況と起こりにくい状況を推測することができます。問題行動の目的（機能）に関しては第5章、機能的アセスメントについては第11章で解説されていますので、ご参照ください。

（3）インターバルレコーディング法

観察時間全体を小さな時間間隔（インターバル）に区切り、それぞれのインターバルについて記録を行い、そのインターバルの中で標的行動が生起したかどうかを記録する方法を、インターバルレコーディング法（interval recording）といいます（Miltenberger, 2001）。この方法には、部分インターバルレコーディング法（partial-interval recording）と全体インターバルレコーディング法（whole-interval recording）があります。部分インターバルレコーディング法では、各インターバルで標的行動が生起したかどうかを記録するのに対し、全体インターバルレコーディング法では、標的行動が所定

第 2 部　保育・学校場面への応用

のインターバル中にずっと起きていた場合のみ、標的行動が生起したと記録されます。教育現場で記録を行うことを想定した場合は、記録者の時間と労力のコスト面から、部分インターバルレコーディング法の方が用いられやすいです。

（事例）

　トオル君は、小学校の特別支援学級に在籍する 5 年生の男子児童で、知的障害を有しています。図画工作の授業は、通常学級での交流及び共同学習を行っています。トオル君の知能検査（WISC™- Ⅳ）の結果は、全検査 IQ は 65、言語理解指標は 64、知覚推理指標は 80、ワーキングメモリー指標は 71、処理速度指標は 70 でした。トオル君は、絵を描いたり工作をしたりすることは好きです。しかし、授業中（特に授業開始場面）に手遊びをしてしまうことが多く、課題に取り組めていない様子が見られます。図画工作は、2 単位時間続けて行われているため、1 回の授業時間は、90 分（45 分 × 2）になります。交流学級（通常学級）の担任の先生は、特別支援学級担任の先生に相談したところ、トオル君は、絵や図などの視覚的な情報を理解することは得意な一方で、言葉を理解することが苦手なため、先生の話（課題の説明）の内容を理解することが難しく、目の前に置いてある工作の材料で遊んでしまっているかもしれない、という話を聞きました。そこで、交流学級の先生は、トオル君を含めた学級の全員が課題の説明を理解しやすいように、口頭での説明だけでなく、絵や図、キーワードを板書する、といった視覚的な情報を添えた説明の仕方に改善しました。このような手だてが、トオル君の授業参加態度に効果を示すかどうかを検討するために、特別支援学級担任の先生は、2 週間に 1 回程度、図工の授業の開始場面（約 10 分間）を観察し、30 秒間の部分インターバルレコーディング法を用いて、トオル君の行動の変化（手遊びをしたかどうか、課題に取り組めているかどうか）を記録しました。インターバルレコーディング法を用いた記録用紙の例を図 15-2 に示します。標的行動は、次のように操作的に定義しました。

（4）タイムサンプリング法

　タイムサンプリング法（time sample recording）では、観察時間全体をインターバルに区切り、観察者は、インターバルの終わりに標的行動が生起したかどうかを記録します（Miltenberger, 2001）。インターバル中観察し続けるのでなく、インターバルの最後のタイミングに対象児を観察することになります。例えば、30 秒インターバルのタイムサンプリング法を使う場合は、観察者は、30 秒、1 分、1 分 30 秒、2 分……に対象

手遊び

　　材料や道具を転がす、回す。

課題従事行動

　　先生の方や黒板に貼られている
キーワード、絵、図などを見て
話を聞く。材料を切る、貼るな
ど、課題に取り組む。

月　日（　）記録者（　　　）

活動内容	時間	標的行動			
		手遊び		課題従事行動	
		材料や道具を転がす、回す		先生の話を聞く	材料を切る、貼る
	00:30			✓	
	01:00			✓	
	01:30			✓	
	02:00			✓	
	02:30	✓			
	03:00			✓	
	03:30			✓	
	04:00	✓			
	04:30			✓	
	05:00			✓	
	05:30			✓	
	06:00			✓	
	06:30	✓			
	07:00	✓			
	07:30			✓	
	08:00			✓	
	08:30			✓	
	09:00				✓
	09:30				✓
	10:00				✓

図 15-2　インターバルレコーディング法を用いた記録用紙の例

児を見て、標的行動の生起の有無を記録します。

　タイムサンプリング法のメリットは、観察時間ずっと対象児を観察する必要がなく、決められたタイミングに対象児を観察し、記録するため、時間と労力のコストが低いことです。そのため、教育現場での実践研究に用いられやすいです。一方、タイムサンプリング法のデメリットは、対象児の標的行動が生起しても、観察者が標的行動の記録を行うタイミングではない場合、結果的に標的行動が生起しなかったと記録されてしまうことです。そのため、タイムサンプリング法は、頻繁に生じる行動や長時間続く行動を観察する場合に適していると考えられます（Alberto, 2004）。

　インターバルレコーディング法やタイムサンプリング法では、記録の結果は、標的行動が生起したインターバルの割合で示されます。つまり、「標的行動が生起したインターバル数」÷「全インターバル数」× 100 の式で算出されます。

第 2 部　保育・学校場面への応用

演習
2
知的障害特別支援学級に在籍する小学 5 年生のトオル君の例で考えましょう。
図画工作場面での 30 秒間の部分インターバルレコーディング法を用いた観察
記録用紙を見て、手遊びの生起インターバル率と、課題従事行動の生起イン
ターバル率を算出しましょう。

（5）観察者間一致（信頼性）

　観察者間一致（interobserver agreement: IOA）は、応用行動分析学においては、記
録の質を表す指標であり、2 名またはそれ以上の観察者が同じ事象を記録した後に、同
じ観察値を報告する程度のことです（Cooper et al., 2007）。一致率が高い場合は、両観
察者が同じ記録を付けていた割合が高いと考えられます。このことは、標的行動の定義
が明確で客観的であること、観察者が記録を正確に行っていたことを示します。研究論
文の場合、観察者間一致は、少なくとも 80% 以上、通常は 90% 以上であることが望ま
しいと考えられています（Miltenberger, 2001）。

　観察者間一致率の計算方法は、インターバルレコーディング法およびタイムサンプリ
ング法の場合、インターバルごとに 2 名の観察者の一致・不一致を調べます。一致と判
断するのは、2 名の観察者ともに、そのインターバルで標的行動が生起したと記録した
場合、あるいは生起しなかったと記録した場合になります。「一致したインターバル数」
÷「全インターバル数」× 100 の算式によって求められます。

演習
3
図 15-3 にインターバルレコーディング法を用いた記録の観察者間一致の評価
例を示しました。2 名の観察者の記録用紙を見て、観察者間一致率を算出しま
しょう。

（観察者間一致率）

月　日（　）記録者（Aさん）

活動内容	時間	材料や道具を転がす、回す		先生の話を聞く	材料を切る、貼る
		\<手遊び\>		\<課題従事行動\>	
	00:30			✓	
	01:00			✓	
	01:30			✓	
	02:00			✓	
	02:30	✓			
	03:00			✓	
	03:30			✓	
	04:00	✓			
	04:30			✓	
	05:00			✓	
	05:30			✓	
	06:00			✓	
	06:30	✓			
	07:00	✓			
	07:30			✓	
	08:00			✓	
	08:30			✓	
	09:00				✓
	09:30				✓
	10:00				✓

月　日（　）記録者（Bさん）

活動内容	時間	材料や道具を転がす、回す		先生の話を聞く	材料を切る、貼る
		\<手遊び\>		\<課題従事行動\>	
	00:30			✓	
	01:00			✓	
	01:30			✓	
	02:00			✓	
	02:30	✓			
	03:00			✓	
	03:30			✓	
	04:00	✓			
	04:30	✓			
	05:00			✓	
	05:30			✓	
	06:00			✓	
	06:30	✓			
	07:00			✓	
	07:30			✓	
	08:00			✓	
	08:30			✓	
	09:00				✓
	09:30				✓
	10:00				✓

図 15-3　インターバルレコーディング法を用いた記録の観察者間一致の評価例

2 研究デザイン

　応用行動分析学における実践研究は、研究デザインを用いて支援効果を検討します。研究デザインを用いる目的は、支援手続き（独立変数）と標的行動（従属変数）の変化の機能的関係を明らかにすることです（Miltenberger, 2001）。

（1）ABデザイン

　最もシンプルな研究デザインは、ABデザインであり、Aはベースライン、Bは介入（支援手続きを導入した条件）を意味します。ABデザインでは、ベースライン期と介入期のフェイズを比較し、介入によって期待された行動の変化が生じたかどうかを示すことができます。しかし、ABデザインは、ベースライン期と介入期の変化をみる（条件を変える）回数が1回だけなので、支援手続きとは別の予想外の変数が関与していた

第 2 部　保育・学校場面への応用

可能性を排除することができません。そのため、エビデンスレベルの高い研究計画とはいえませんが、行動を変えることに重点を置いた応用研究、支援手続きを実施する回数が限られている学校現場での実践研究では、しばしば用いられています。

　例えば、岩本（2022）は、小学校の通常学級1学級を対象に、国語の授業場面で援助報告に対する非依存型集団随伴性（第14章参照）に基づく支援（GC）と公的掲示（public posting: PP）手続きを組み合わせて導入し、児童のローマ字単語のテスト成績への効果を、ABデザインを用いて検討しました。図15-4に学級全児童のローマ字単語（読字）テスト成績の平均点の推移、図15-5に学級全児童のローマ字単語（書字）テスト成績の平均点の推移を示しました。

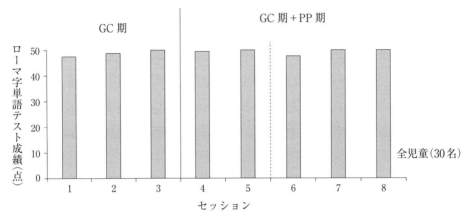

図 15-4　学級全児童のローマ字単語（読字）テスト成績の平均点の推移

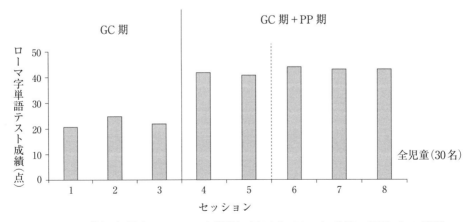

図 15-5　学級全児童のローマ字単語（書字）テスト成績の平均点の推移

　岩本佳世（2022）小学校通常学級の国語の授業での非依存型集団随伴性に基づく支援：児童の援助報告とローマ字単語のテスト成績への効果．上越教育大学特別支援教育実践研究センター紀要，28, 1-6.

(2) ABABデザイン

ABAB（反転）デザイン（ABAB(reversal)design）は、ベースライン期と介入期をそれぞれ2回繰り返します。最初の介入期の後に、ベースライン期に戻す（反転する）ため、「反転」という言葉が使用されています（Miltenberger, 2001）。

ABABデザインを用いる場合は、標的行動が危険な行動（例えば、自傷行動）ではないことに留意します。最初の介入期の後に、ベースライン期の条件に戻すと、再び危険な行動が生起してしまう可能性があるため、倫理的に認められません。また、介入をやめた（支援手続きを外した）ときに行動のレベルが元に戻るかどうかは、厳密に判断する必要があります。支援手続きを外したときに行動の変化が生じない場合は、標的行動と支援手続きの機能的関係は実証されません。一方、介入（支援手続き）が教育方法で、対象児がその方法によって新しい行動を学習した場合、その学習を取り消すことができないため、このような場合もABABデザインを用いた検証は難しくなります。図15-6は、仮想データによるABABデザインを用いた結果になります。

米国では、一事例実験デザインを用いた研究がエビデンスを示しているかどうかの基準をWWC（What Works Clearinghouse）が作成しています。「エビデンスの基準を満たすデザイン規準」として、①独立変数の条件をいつ、どのように変更するのかといった判断に基づき、研究実施者による独立変数の系統的な操作がなされていること、②従属変数が1名以上の観察者により反復して測定され、各条件フェイズにおいてデータプ

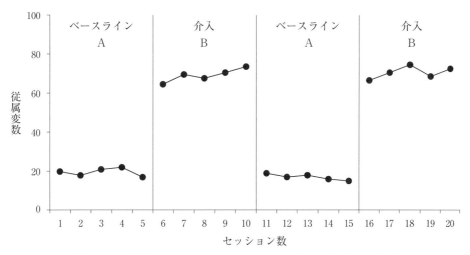

図15-6 仮想データによるABABデザインを用いた結果

第2部　保育・学校場面への応用

ロット数の最低20%について、観察者間の一致率が測定されており、一致率が最低域（平均80%以上）を満たしていること、③データ収集期間内に3回のフェイズの反復により、介入効果を示す試みが少なくとも3回はなされていること（例：ABABデザイン、多層ベースラインデザイン）、④1つのフェイズ内に最低5つ*のデータプロットがあること、といった4点が示されています（井垣，2015；神山・岩本・若林，2017；Kratochwill et al., 2010）。

＊3〜5未満のデータプロットの場合は、保留つきでデザイン規準を満たす、となります。

（3）多層ベースラインデザイン

多層ベースラインデザイン（multiple baseline design）は、応用行動分析学においては、支援効果を評価する（独立変数と従属変数の機能的関係を明らかにする）ことを目的とした場合、最も活用されている研究デザインになります。①対象者間多層ベースラインデザイン、②行動間多層ベースラインデザイン、③場面間多層ベースラインデザイン、という3つの種類の研究デザインがあります。

①対象者間多層ベースラインデザインは、複数の対象者に、同じ標的行動について、ベースライン期と介入期を行います。学級を対象とする場合は、学級間多層ベースラインデザインともいいます。

例えば、岩本・園山（2021）は、小学校の通常学級2学級を対象に、トゥートリングを促進させるための相互依存型集団随伴性に基づく支援の効果を、学級間多層ベースラインデザインを用いて検証しました。図15-7に、5年1組と2組の援助報告を行った児童の割合の推移を示しました。トゥートリング手続き、相互依存型集団随伴性に基づく支援の手続きの詳細については、第14章の学級経営への応用をご参照ください。

②行動間多層ベースラインデザインは、同一の対象者に、2つ以上の標的行動を同時に測定することから開始します。ベースライン期に安定した状態の反応が見られたら、複数の標的行動のうち、1つの標的行動に独立変数（支援手続き）を適用し、残りの標的行動は、ベースライン期を維持します。支援手続きを適用した標的行動に変化が見られたら、支援手続きを残りの標的行動に、順次適用していきます。例えば、通級による指導を受けている小学4年生の漢字の読み書きが苦手なLD児童1名に対して、通級での自立活動の時間に、本人に合った漢字の覚え方を習得するための学習となる漢字の読字クイズと書字クイズを行います。漢字の意味を理解しやすくするために、漢字の下にイラストを添えるといった支援手続き（独立変数）を読字クイズに導入し、読字クイズ

210

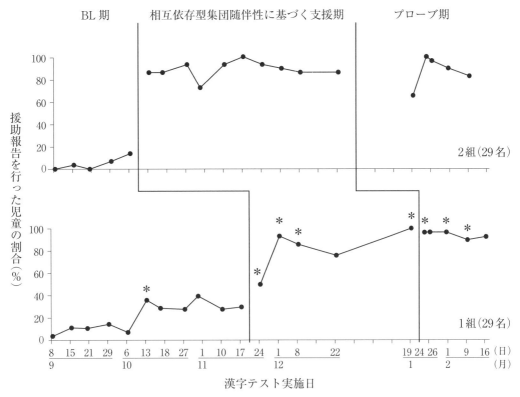

図 15-7　援助報告を行った児童の割合の推移

注）図中の＊は、知的障害のある児童1名が援助報告を行った児童に含まれていることを示す。
岩本佳世・園山繁樹（2021）小学校通常学級におけるトゥートリングを促進させるための相互依存型集団随伴性に基づく支援の効果．教育心理学研究，69(3), 317-328.

の得点に変化が見られたら、支援手続き（問題の下に読字テストで用いたイラストを添える）を書字クイズに導入します。

③場面間多層ベースラインデザインは、個人（または集団）の1つの標的行動を、2つ以上の場面または条件において評価します。例えば、2年1組の児童のチャイム着席行動を、国語、算数、音楽の3つの授業場面で評価します。ベースライン期に、安定した反応が示されたら、1つの場面に支援手続き（独立変数）を適用し、残りの場面はベースライン期を継続します。最初に支援手続きを導入した場面に、標的行動の変容が見られたら、第2の場面、第3の場面へと、支援手続きを順次適用していきます。

標的行動を元に戻せない（不可逆的である）可能性がある、条件を逆転させることが望ましくない、実行できない、倫理に反する、といった場合は、反転デザインでなく、多層ベースラインデザインを使用します。

（4）基準変更デザイン

　基準変更デザイン（changing-criterion design）は、同じ対象者について、1つのベースライン期と1つの介入期があります。介入期では、目標とする標的行動の強化基準を段階的に変更し、標的行動の遂行レベルを徐々に変容させます。それぞれの基準をグラフ上に載せると、標的行動が到達した基準を分かりやすく示すことができます。図15-8は、仮想データによる基準変更デザインを用いた結果になります。

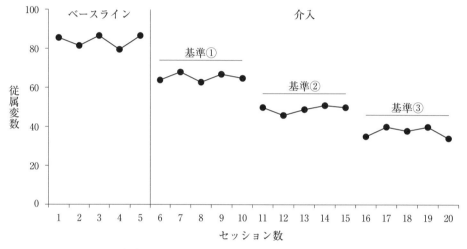

図15-8　仮想データによる基準変更デザインを用いた結果

3 介入厳密性（介入整合性）、介入手続きの実行度、文脈適合性

　学校場面でのコンサルテーションの実践研究では、支援者が支援手続きを厳密に実行できているかどうかを測定する介入厳密性（treatment integrity）（介入整合性）の評価を行います。コンサルタント（例えば、特別支援学校の担任の先生）が提供した支援方法などを、コンサルティ（例えば、通常学級の担任の先生）がどの程度、厳密に、確実に、そして正確に実行するか、という点は、コンサルテーションを行う上で大変重要な視点になります（加藤・大石，2004）。

第 15 章　実践研究

4　社会的妥当性

　社会的妥当性（social validity）とは、介入の標的行動や手続きおよび有効性が、社会的価値観に沿ったものかどうかを示す概念のことです（若林・加藤，2012；Wolf，1978）。社会的妥当性による評価では、標的行動が適切であり、介入手続きが好ましく、標的行動とそれに付随する行動が重要で有意義な改善が示されるか、といった評価が行われ、介入の持続可能性を予測するための大きな因子になる可能性があります（Cooper et al.，2007）。そのため、実践研究、特にコンサルテーションの研究の場合は、社会的妥当性についての評価も重要です（加藤・大石，2004）。

　標的行動の選定については、標的行動が変容すること（例えば、適切行動が増加する、問題行動が減少すること）によって、対象児の QOL が向上したかどうかを評価します。つまり、標的行動自体の重要性を評価します。例えば、宮木他（2021）では、小学 1 年生児童を対象に、給食準備行動に対する非依存型集団随伴性（第 14 章参照）に基づく支援を行い、給食準備に要する時間の短縮などを示しました。この研究では、社会的妥当性の評価として、担任の先生および児童に対する質問紙調査を行っています。担任の先生に対しては、全 11 項目のうち、行動自体の重要性について、「給食準備を素早く行うことは学校生活において重要である」という項目を設定し、4 件法を用いて評価されています。児童に対しては、全 4 項目のうち、行動自体の重要性について、「きゅうしょくとうばんが ろう下にはやくならぶことは大じだと思う」という項目を設定し、「はい」または「いいえ」で回答を求めました。また、スクールワイド PBS の第 1 層支援を公立小学校 1 校の児童に実施し、その効果と社会的妥当性を検討した大久保他（2020）では、担任の先生に対する質問紙調査を行いました。全 5 項目のうち、行動自体の重要性について「標的行動は、児童の学校生活において重要なことであると思いますか」という 1 項目を設定し、5 件法を用いて評価しています。

　介入方法（支援手続き）の選択に関しては、実施した介入方法がよいかどうかを評価します。介入方法に関する主観的評定（介入受容性；treatment acceptability；若林・加藤，2012；Kazdin，1981）を用いて評価が行われることがあり、若林・加藤（2012）は、評定尺度に 15 の質問項目を 6 件法で尋ね、その合計得点から受容性を評価しました。また、大久保他（2020）の社会的妥当性（介入受容性に相当する内容）の評価は、全 5 項目のうち、3 項目あり、「児童にとって取り組みやすかったと思いますか」（児童

213

にとっての取り組みやすさ）、「先生にとって、この手続きを実施するのは負担でした
か」（手続きを実施することの負担）、および「先生にとって、児童の行動をチェックし
て記録するのは負担でしたか」（行動観察の負担）という内容でした。これらの質問項
目を5件法で尋ねて、評価されています。

　介入の効果（成果）およびプログラム全体に対する評価については、明確に適切行動
が増加しているか、あるいは問題行動が減少しているかどうかなど、満足できる程度を
評価します。大久保他（2020）の社会的妥当性（介入の効果に相当する内容）の評価
は、全5項目のうち、1項目あり、「児童に良い変化はあったと思いますか」という質
問項目でした。

　岩本・園山（2021）の実践研究で用いられた社会的妥当性（介入の受容性、介入の効
果など）の評価指標を、表15-3と表15-4に示します。2学級の全児童と担任の先生
に対し、研究終了後に質問紙調査を行いました。学級全児童に対するアンケート項目
は、「介入の効果」「正及び負の副次的効果」「介入受容性」の5項目からなる5件法の
アンケートになります。岩本・園山（2021）の研究は、介入（支援手続き）が相互依存
型集団随伴性手続きであり、正および負の副次的効果も検討することが重要であるた
め、質問項目に含まれています。担任の先生に対するアンケートは、支援計画の社会的

表15-3　児童に対するアンケート調査の結果

	アンケート項目	1組 （n＝29）	2組 （n＝29）
介入の 効果	①あなたは8時15分までに、漢字を覚えるコツを班のメンバーに教えた。	89.3[a]	86.2
	②あなたは8時15分までに、漢字を覚えるコツを班のメンバーから教えてもらった	89.7	93.1
副次的 効果	③漢字を覚えるコツを教えてもらう時に、班のメンバーはやさしい言い方だった。	96.6	96.6
	④班のメンバーからいやなことを言われたりされたりしなかった	96.6	93.1
介入の 受容性	⑤班全員が目標を達成した時に、班全員がお楽しみをもらえることは、好きな取り組みである。	65.5	62.1

注）　5件法（5：とてもそう思う、4：そう思う、3：どちらとも言えない、2：そう思わない、1：まっ
　　　たく思わない）で評価した。表のポイントは、「5：とてもそう思う」または「4：そう思う」と
　　　回答した児童のパーセンテージを指す。
[a] 項目①の1組はn＝28（知的障害のある児童を除く全児童数）
岩本佳世・園山繁樹（2021）小学校通常学級におけるトゥートリングを促進させるための相互依存型
　集団随伴性に基づく支援の効果. 教育心理学研究, 69(3), 317-328.

第 15 章　実践研究

表 15-4　担任の先生に対するアンケート調査の項目

	アンケート項目	1組	2組
介入の受容性	①今回の支援方法は、学級全体への支援方法として受け入れやすいものであった。	5	5
	②この支援方法は、他の教員にとっても受け入れやすいものだと思う。	4	3
	③他の教員にも機会があれば、この支援方法を勧めたいと思う。	4	4
	④この支援方法は、行動面や学習面で気になる児童と特別な教育的ニーズを有する児童（以下、対象児童）の取り組みを促すのに適切な方法であった。	5	4
	⑤他の教員からみても、この支援方法は状況に合った適切な方法だったと思う。	4	4
	⑥この支援方法は、他の場面（授業場面等）でも有効だと思う。	5	4
	⑦この支援方法を導入することによって、対象児童たちにマイナスの影響が出ることはなかった。	4	4
	⑧この支援方法は、これまでに学級で行ってきた支援方法と連続性のあるものだった。（かけ離れたものではなかった）	5	4
	⑨この支援方法を学級の中で用いる上で、学級の児童の間に不平等が生じることはなかった。	5	3
	⑩この支援方法は、援助行動を促す方法として理にかなっていた。	4	4
	⑪この支援方法は、私の好みに合っている。	5	5
	⑫全体として、この支援によって対象児童たちに利益がもたらされた。	5	4
	⑬全体として、この支援によって学級の他の児童たちに利益がもたらされた。	5	5
時間的な効率	⑭この支援方法を導入することによって、児童たちの援助行動は、すぐに改善した。	4	4
	⑮支援方法を実践して、すぐに児童たちの援助行動に関して良い変化を感じた。	5	4
介入の受容性	⑯この支援により、児童たちの援助行動は一時的にではなく、継続的に改善した。	4	5
	⑰この支援によって、児童たちの援助行動は、他の学級の児童と比べても大きな違いがない程度まで改善した。	5	3
	⑱今回の支援によって、児童たちの行動は、他の場所でも変化がみられた。	4	4
	⑲対象児童たちの行動は、学級の規範的な児童に近づいた。	3	4
	⑳対象児童たちの行動は、気にならないレベルまで十分に改善した。	4	5
	㉑児童たちの学業成績（テスト成績）に改善が見られた。	4	4

注）　5件法（5：とてもそう思う、4：そう思う、3：どちらとも言えない、2：そう思わない、1：まったく思わない）で評価した。

岩本佳世・園山繁樹（2021）小学校通常学級におけるトゥートリングを促進させるための相互依存型集団随伴性に基づく支援の効果．教育心理学研究，69(3), 317-328.

第2部　保育・学校場面への応用

妥当性を評価するために、行動的支援評定尺度（BIRS; Elliott & Treuting, 1991）を参考にし、筆者が作成した21項目（受容性，効率，効果）からなる5件法のアンケートになります。Von Brock & Elliott（1987）に従い、尺度得点の7割に相当した場合に、効果があったと判断しました。

　社会的妥当性の評価を含め、実践研究の結果を考察する際は、効果が示された評価（結果）だけでなく、効果が示されなかった評価（結果）についても受け止め、その要因を考える（なぜ効果が示されなかったのか）、改善点（どうしたら次は効果が示されるのか）を検討することも大切です。そして、その内容を、次の研究や実践に活かし、研究領域や教育現場に還元していくことも重要だと思います。

┌─ **第15章のまとめ** ─────────────────────────────

★応用行動分析学における実践研究では、直接アセスメントが多く用いられており、インターバルレコーディング法、タイムサンプリング法などの記録方法がある。

★学校現場での個別支援の場合は、対象児に対する個別式検査の結果も活用している。

★応用行動分析学における実践研究は、ABデザイン、ABABデザイン、多層ベースラインデザインなどの研究デザインを用いて支援効果を検討する。

★実践研究、特にコンサルテーションの研究の場合は、社会的妥当性についての評価も重要である。

└──

┌─ **専門用語のまとめ** ─────────────────────────────

・**インターバルレコーディング法**（interval recording）：観察時間全体をインターバルに区切り、それぞれのインターバルについて記録を行い、そのインターバルの中で標的行動が生起したかどうかを記録する方法。

・**タイムサンプリング法**（time sample recording）：観察時間全体をインターバルに区切り、インターバルの終わりに標的行動が生起したかどうかを記録する方法。

・**社会的妥当性**（social validity）：介入の標的行動や手続きおよび有効性が、社会的価値観に沿ったものかどうかを示す概念のこと。

└──

第 15 章　実践研究

【演習 1 の回答例】

- ・サオリさんが離席する要因：サオリさんは書く課題のときに離席が多く見られた
  ため、サオリさんの離席の目的（機能）は、苦手な課題からの逃避の機能だと考
  えられました。
- ・支援方法：書字による負荷を軽減するような支援を考えます。例えば、学級全体
  への支援方法としては、ワークシートを活用し、表面は自由記述式、裏面は選択
  肢を設けるなど、書字による負荷を軽減できるようにします。学級内の児童が使
  いやすい面を選択して使用できるようにします。学級全体への支援または個別支
  援としては、タブレット端末を用いて文字を入力したり、絵を描いたりできるよ
  うにします。

【演習 2 の回答】

- ・手遊びの生起インターバル率：20.0%
- ・課題従事行動の生起インターバル率：80.0%

【演習 3 の回答】

- ・観察者間一致率：90.0%

文献

Cooper, J. O., Heron, T. E., & Heward, W. L.（2007）*Applied Behavior Analysis*（2nd ed.）. Pearson Education. 中野良訳（2013）応用行動分析学. 明石書店.

Elliott, S. N., & Treuting, M. V. B.（1991）The behavior Intervention Rating Scale: Development and validation of a pretreatment acceptability and effectiveness measure. *Journal of School Psychology, 29*(1), 43-51.

井垣竹晴（2015）シングルケースデザインの現状と展望. 行動分析学研究, 29, 174-187.

岩本佳世（2022）小学校通常学級の国語の授業での非依存型集団随伴性に基づく支援：児童の援助報告とローマ字単語のテスト成績への効果. 上越教育大学特別支援教育実践研究センター紀要, 28, 1-6.

岩本佳世・園山繁樹（2021）小学校通常学級におけるトゥートリングを促進させるための相互依存型集団随伴性に基づく支援の効果. 教育心理学研究, 69(3), 317-328.

神山努・岩本佳世・若林上総（2017）わが国の障害児者を対象とした一事例実験デザイン研究における「エビデンス基準を満たす実験デザイン規準」からの分析. 特殊教育学研究, 55(1), 15-24.

加藤哲文・大石幸二（2004）特別支援教育を支える行動コンサルテーション：連携と協働を実現するためのシステムと技法．学苑社．

Kazdin, A. E.（1981）Acceptability of child treatment techniques: The influence of treatment efficacy and adverse side effects. *Behavior Therapy, 12*(4), 493-506.

Miltenberger, R. G.（2001）*Behavior Modification: Principles and Procedures*（2nd ed.）. Wadsworth. 園山繁樹・野呂文行・渡部匡隆・大石幸二訳（2006）行動変容法入門．二瓶社．

宮木秀雄・山本拓実・加賀山真由（2021）小学校通常学級における児童の給食準備行動への非依存型集団随伴性の適用．行動分析学研究，35(2), 177-186.

大久保賢一・月本弾・大対香奈子・田中善大・野田航・庭山和貴（2020）公立小学校における学校規模ポジティブ行動支援（SWPBS）：第1層支援の効果と社会的妥当性の検討．行動分析学研究，34(2), 244-257.

Von Brock, M. B., & Elliott, S. N.（1987）Influence of treatment effectiveness information on the acceptability of classroom interventions. *Journal of School Psychology, 25*(2), 131-144.

若林上総・加藤哲文（2012）発達障害のある高校生が参加するグループ学習での集団随伴性の適用．行動療法研究，38(1), 71-82.

Wolf, M. M.（1978）Social validity: The case for subjective measurement or how applied behavior analysis is finding its heart. *Journal of Applied Behavior Analysis, 11*(2), 203-214.

おわりに

　本書を最後まで読んでいただき、誠にありがとうございます。私は教師になる前に応用行動分析学を学ぶ機会に恵まれました。そのため、実践現場で子どもの行動に悩んだときに何度も応用行動分析学の書籍を読み、支援の参考にすることで、驚くほど子どもが成長することを感じました。すでに実践現場で仕事をされる教職員の方々、子どもと関わる仕事に就くことを考えている学生さんが、事例や演習を通して応用行動分析学について学び、指導・支援に活かすことができる書籍をつくりたいという思いで本書ができました。少しでも満足いただけましたら幸いです。

　本書の執筆者は、現在も指導・支援の現場に関わりをもっています。そのため、実践場面で仕事をされる教職員の方々は、各章で書かれた事例に類似する子どもが思い浮かんだと思います。少しでも子どもが示す行動の捉え方やこれからの関わり方のヒントになると私たちは幸いです。また、これから子どもと関わる職に就こうとしている学生さんにとって、実践現場の教職員がどのような子どもたちと関わってきているのか、応用行動分析学の理論でどのように行動を分析し、指導・支援を考えることができるのか、事例や演習を通して少しでも考えるきっかけになったと思います。子どもと関わるときには、ぜひ本書で学んだことを活かしてください。

　応用行動分析学はなじみのない専門用語が多く含まれます。また、本書は子どもと関わる実践現場の教職員、大学の学生さんにとっての応用行動分析学の教科書の基礎として、事例と演習を多く含めることに重きをおいたため、専門用語の使用は一部に留めました。本書を通して応用行動分析学に興味をもたれた方は、これからも様々な書籍を参考にしてください。本書よりもさらに多くの理論や原理について説明されている書籍に出会うことになるでしょう。そうすることで、より幅広く行動について捉え、多角的な支援を実施することができるようになります。さらにぜひ、本書で学んだ応用行動分析学の理論に基づいて、関わっている子ども、自分自身、身の回りの出来事を分析してみてください。そうすることで、行動を環境との相互作用で捉えることに慣れてくるでしょう。もしわからなくなったりつまずいたりしたときには、再び本書を開いてください。きっと何度も繰り返すことで確かな知識が身に付き、実践へと応用されることになると思います。

　本書を執筆するにあたり、多くの方々の支えと協力があったことを心から感謝いたします。特に監修を快く引き受けてくださった野呂文行先生に非常に感謝しております。

私たち執筆者は筑波大学大学院に在学中、野呂先生から非常に丁寧な指導をいただきました。本書に関しても、何度も原稿を読んでいただき、専門用語の使用だけでなく細かな表現まで非常に丁寧にご指導をいただきました。

　また、同じ編集者の朝岡寛史先生は私の身近な先輩で、大学でも多くの楽しい時間を共にしました。そして、本書の執筆エピソードに深く共感いただき、共にいろいろな書籍を読み、案を何度も考えてくださいました。私にとって初めての編集作業でしたが、朝岡先生と二人三脚で編集を行うことができたことで、無事に素晴らしい書籍が完成しました。朝岡先生には、感謝の気持ちでいっぱいです。

　執筆者の岩本先生、髙橋先生、丹治先生、原口先生は私の学生時代の大先輩であり、共に大学生活を過ごしたり、研究について語ったりした方々です。今回の私の提案に快く賛同いただき、私の拙い編集作業にも長い目で優しく見守ってくださいました。また、度重なるお願いにもかかわらず丁寧に対応していただき、文章を推敲していただきました。それぞれご多忙の中での執筆に、心から感謝しています。

　出版社である学苑社の杉本さんには、私たちの編集・執筆作業が滞っている際にも、何度も丁寧な連絡をいただき、ときには長い目で待っていただくこともありました。本書が無事に素晴らしい書籍として刊行されるに至ったのは、杉本さんの寛大なる性格と丁寧なお仕事のおかげです。

　そして、私の家族、関わってきた子どもたちと保護者様、大学の後輩、同輩、先輩方、応用行動分析学の基礎から最先端の研究までご指導いただいた多くの先生方に感謝の気持ちを表します。今の私があるのは、誰一人欠けても成し得なかったことです。誠にありがとうございます。

　最後に、本書を手に取ってくださった全ての読者の皆様に、改めて心より感謝申し上げます。本書を通して、皆様、そして皆様が関わる子どもの成長、幸せを心より祈っております。

2024 年 6 月

編者を代表して　永冨大舗

索　引

【英数】

ABAB（反転）デザイン（ABAB（reversal）design）　209
ABC分析（ABC analysis）　23, 34
ABデザイン　207
Burrhus Frederic Skinner（1904-1990）　5, 11
If…、then～　83, 89

【あ】

依存型集団随伴性（dependent group-oriented contingency）　192
インターバルレコーディング法（interval recording）　203, 216
援助報告行動　195, 196
応用行動分析学（applied behavior analysis）　5, 11
オペラント行動（operant behavior）　15, 20, 26
オペラント条件づけ（operant conditioning）　15, 26

【か】

介入厳密性（treatment integrity）　212
課題分析（task analysis）　113, 125
感覚（sensory）　58, 61
環境との相互作用　13, 55, 143
観察者間一致（interobserver agreement: IOA）　206
間接アセスメント　199
基準変更デザイン（changing-criterion design）　212
機能（function）　56, 61, 146, 150
機能的アセスメント／機能的行動アセスメント（functional behavior assessment）　144, 156
逆行チェイニング（backward chaining）　121, 125
強化（reinforcement）　27, 152
結果事象（consequence）　13, 23
嫌子（punisher）　31, 38, 42, 48
嫌子出現による行動の弱化（positive punishment）　38, 48
嫌子消失による行動の強化（negative reinforcement）　31, 34
好子（reinforcer）　27, 39, 152

好子出現による行動の強化（positive reinforcement）　5, 27, 34
好子消失による行動の弱化（negative punishment）　39, 48
構成見本合わせ法（constructed-response matching-to-sample）　163, 166
行動（behavior）　23
行動アセスメント（behavioral assessment）　199
行動間多層ベースラインデザイン　210
行動契約（behavior contract）　182, 183
行動的スキルトレーニング（behavioral skills training）　172, 183
行動のスイッチ　86, 89
行動分析学（behavior analysis）　5, 11
行動問題　139, 156
行動連鎖（behavioral chain）　112
高頻度行動分化強化（differential reinforcement of high rates of behavior）　73, 76
個人と環境との相互作用　8, 25

【さ】

三項随伴性（three-term contingency）　23
シェイピング（shaping）　129, 136
刺激外プロンプト　98, 105
刺激性制御（stimulus control）　82, 89, 98, 161
刺激等価性（stimulus equivalence）　162, 165
刺激内プロンプト　98, 105
刺激般化（stimulus generalization）　89
刺激フェイディング（stimulus fading）　105, 109
刺激プロンプト（stimulus prompts）　98, 109
刺激ペアリング法（stimulus pairing）　164, 166
自発的回復（spontaneous recovery）　45, 48
社会的妥当性（social validity）　213, 216
弱化（punishment）　38, 42, 48
シャドーイング（shadowing）　124
集団随伴性（group-oriented contingency）　192, 196
順行チェイニング（forward chaining）　119, 125
消去（extinction）　45, 48, 153
消去バースト（extinction burst）　46, 48, 134
スクールワイドPBS（School-wide Positive Behavior Support）　192, 200
全課題提示法（total task presentation）　123,

221

125

漸減型ガイダンス（graduated guidance）　123

先行事象（antecedent）　13, 20, 23, 150

漸次的接近（successive approximation）　129, 136

全体インターバルレコーディング法（whole-interval recording）　203

相互依存型集団随伴性（interdependent group-oriented contingency）　192, 196

【た】

対象者間多層ベースラインデザイン　210

代替行動分化強化（differential reinforcement of alternative behavior）　70, 76

タイムサンプリング法（time sample recording）　204, 216

他行動分化強化（differential reinforcement of other behaviors）　71, 76

単位行動　112

段階的減少型プロンプト・フェイディング　102

段階的増加型プロンプト・フェイディング　103

遅延プロンプト（delayed prompts）　104, 109

注目（attention）　56, 61

直接アセスメント　199

低頻度行動分化強化（differential reinforcement of low rates of behavior）　72, 76

転移　99

トゥートリング（tootling）　195, 196

逃避（escape）　58, 61

トークンエコノミー（token economy）　177, 183, 198

【な】

仲間の向社会的行動を報告する行動　195

【は】

バックアップ好子（backup reinforces）　177

場面間多層ベースラインデザイン　211

般化（generalization）　19, 89

反応努力　71

反応プロンプト（response prompts）　98, 109

非依存型集団随伴性（independent group-oriented contingency）　192

非両立行動分化強化（differential reinforcement of incompatible behavior）　71, 76

部分インターバルレコーディング法（partial-interval recording）　203

プロンプト（prompts）　97, 109

プロンプト内フェイディング　103

プロンプト・フェイディング（prompt fading）　101, 109, 165

分化強化（differential reinforcement）　68, 76, 127, 153

弁別刺激（discriminative stimulus）　82, 89, 98, 113

【ま】

見本合わせ法（matching-to-sample）　162, 165

【や】

要求（demand）　57, 61

【ら】

レスポンデント行動（respondent behavior）　16, 21

レスポンデント条件づけ　16, 18, 19

執筆者紹介

野呂 文行（のろ・ふみゆき）【監修・監修のことば】
筑波大学人間系教授

永冨 大舗（ながとみ・だいすけ）【編集・第 1 章・第 4 章〜第 6 章・おわりに】
鹿児島国際大学福祉社会学部社会福祉学科准教授

朝岡 寛史（あさおか・ひろし）【編集・第 3 章・第 9 章〜第 10 章】
広島大学大学院人間社会科学研究科准教授

髙橋 甲介（たかはし・こうすけ）【第 2 章・第 8 章】
長崎大学教育学部准教授

丹治 敬之（たんじ・たかゆき）【第 7 章・第 12 章】
筑波大学人間系准教授

原口 英之（はらぐち・ひでゆき）【第 11 章・第 13 章】
所沢市こども支援センター発達支援エリア

岩本 佳世（いわもと・かよ）【第 14 章〜第 15 章】
愛知教育大学教育学部准教授

装丁　有泉　武己

応用行動分析学（ABA）テキストブック
基礎知識から保育・学級・福祉場面への応用まで　　　　　　　　©2024

2024年9月20日　初版第1刷発行

監修者　野呂文行
編著者　永冨大舗・朝岡寛史
発行者　杉本哲也
発行所　株式会社　学 苑 社
東京都千代田区富士見2－10－2
電話　　03（3263）3817
FAX　　03（3263）2410
振替　　00100－7－177379
印刷・製本　藤原印刷株式会社

検印省略

乱丁落丁はお取り替えいたします。
定価はカバーに表示してあります。

ISBN978-4-7614-0858-9　C3037

応用行動分析学（ABA）
ABA早期療育プログラム
DTTの理解と実践

一般社団法人
東京ABA発達支援協会【監修】
橘川佳奈【編著】

B5判●定価2640円

子どもの集中力を高め、課題をスモールステップで取り組むDTT（ディスクリート・トライアル・トレーニング）を実践するための1冊。

幼児支援
保育者ができる 気になる行動を示す幼児への支援
応用行動分析学に基づく実践ガイドブック

野呂文行・高橋雅江【監修】
永冨大舗・原口英之【編著】

B5判●定価2090円

現場で子どもたちの示す問題に関する事例を示しながら、問題解決に必要な、行動を分析する方法を応用行動分析学の視点から解説。

応用行動分析学（ABA）
VB指導法
発達障がいのある子のための
言語・コミュニケーション指導

メアリー・リンチ・バーベラ【著】
杉山尚子【監訳】
上村裕章【訳】

A5判●定価3740円

ABA（応用行動分析学）に基づいたVB（言語行動）指導法について、わかりやすく解説。すぐに実践できるプログラムを紹介。

応用行動分析学（ABA）
施設職員ABA支援入門
行動障害のある人へのアプローチ

村本浄司【著】

A5判●定価2750円

強度行動障害に取り組む施設職員待望の1冊！ 紹介される理論と方法とアイデアには、著者の長年の実践研究の裏付けがある。

いじめ
いじめ防止の3R
すべての子どもへのいじめの予防と対処

ロリ・アーンスパーガー【著】
奥田健次【監訳】
冬崎友理【訳】

A5判●定価3300円

「認識すること（Recognize）、対応すること（Respond）、報告すること（Report）」という3Rの枠組みを中心に導入方法を解説。

自閉スペクトラム症
自閉症児のための明るい療育相談室
親と教師のための楽しいＡＢＡ講座

奥田健次・小林重雄【著】

A5判●定価2750円

行動の原理に基づいた教育方法をＱ＆Ａ方式で紹介。具体的な技法や理論・経験によって裏打ちされたアイデアが満載。

税10％込みの価格です

学苑社
Tel 03-3263-3817
Fax 03-3263-2410
〒102-0071 東京都千代田区富士見2-10-2
E-mail: info@gakuensha.co.jp　https://www.gakuensha.co.jp/